Rheinisch-Westfälische Akademie der Wissenschaften

Geisteswissenschaften Vorträge · G 243

Herausgegeben von der
Rheinisch-Westfälischen Akademie der Wissenschaften

KLAUS STERN

Verfassungsgerichtsbarkeit zwischen Recht und Politik

Westdeutscher Verlag

244. Sitzung am 19. Dezember 1979 in Düsseldorf

CIP-Kurztitelaufnahme der Deutschen Bibliothek

Stern, Klaus:
Verfassungsgerichtsbarkeit zwischen Recht und Politik / Klaus Stern. –
Opladen : Westdeutscher Verlag, 1980.
(Vorträge / Rheinisch-Westfälische Akademie der Wissenschaften :
Geisteswiss. ; G 243)
ISBN-13: 978-3-531-07243-2 e-ISBN-13: 978-3-322-88226-4
DOI: 10.1007/978-3-322-88226-4

Gesamtherstellung: Westdeutscher Verlag GmbH

ISSN 0172-2093
ISBN-13: 978-3-531-07243-2

Inhalt

I. Ideengeschichtliche Grundlagen der Verfassungsgerichtsbarkeit

„Aber die Rechtspflege tritt ganz aus ihrer Natur, wenn Staatsgewalt ihr Gegenstand werden soll, weil hiermit sie, die wesentlich nur ein Theil des Staates ist, über das Ganze gesetzt würde . . .“. Dieses Zitat Hegels aus seinem 1802 erschienenen Werk „Die Verfassung Deutschlands“ zeigt trefflich die prinzipiellen Einwände auf, mit denen sich die Verfassungsgerichtsbarkeit[1] seit jeher auseinanderzusetzen hatte. In moderner Form findet solche Ablehnung der Verfassungsgerichtsbarkeit folgenden Ausdruck: Gerichten sei es wesensfremd, über die Rechtsgültigkeit von Gesetzen und Regierungsakten zu urteilen; denn darin läge eine Juridifizierung der Politik und eine Politisierung der Justiz, bei denen beide nichts zu gewinnen, wohl aber alles zu verlieren hätten[2]. In dieser Grundhaltung fanden sich berühmte Namen der Staatstheorie wie der Staatspraxis, die sonst durchaus verschiedenen Ideen nachhingen, zusammen.

Demgegenüber läßt gerade die ideengeschichtliche Entwicklung des Staatsrechts im Alten Deutschen Reich im besonderen Maße ein Vertrauen in die Gerichtsbarkeit erkennen, in der allein man die verfassungsmäßigen Rechte wohl aufgehoben sah. Der Deutsche hielt es nicht für ein Unding, mit der öffentlichen Gewalt, und wäre es die höchste, um sein Recht Prozeß zu führen, meinte H. Triepel[3]. Diesem Ziel war man sehr nahe, als der Entwurf einer Reichsverfassung 1849 ein Reichsgericht mit umfassender Zuständigkeit vorsah, dessen Aufgabe es war, ein Hort des Rechts zu sein und die Verfassung auch gegen die Alltagsgewalt parlamentarischer Majoritäten zu schüt-

[1] Die Literaturangaben können das Thema Verfassungsgerichtsbarkeit nicht erschöpfen. Bis 1976 bringt die Bibliographie zur Verfassungsgerichtsbarkeit des Bundes und der Länder, Bd. II, eine vollständige Wiedergabe. Zur neuesten Literatur vgl. den in diesem Jahr erscheinenden Band II von K. Stern, Das Staatsrecht der Bundesrepublik Deutschland, §§ 32 und 44.

[2] Diese Formulierung geht auf F. Guizot, Des conspirations et de la justice politique, 1846, S. 101, zurück; C. Schmitt hat sie mehrfach aufgegriffen (vgl. Verfassungslehre, 1965 (Nachdruck der 1. Aufl. 1928), S. 119; Verfassungsrechtliche Aufsätze, 1958, S. 63ff. (98)).

[3] VVDStRL Heft 5 (1929), S. 2 (10).

zen[4]. Kaum verwunderlich konnte TRIEPEL sogar eine Anschauung im deutschen Recht registrieren, die im Richteramt den Kern aller obrigkeitlichen Gewalt sah[5]. Richtertum erweist sich danach als älter als Demokratie und Parlament, ebenso alt wie das Recht[6]. Die deutsche Tradition unterschied sich dabei wesentlich von der französisch-englischen, in der sich das Parlament – ursprünglich in Frankreich ein Gericht – von seiner Gerichtsqualität entfernte und zu einem Repräsentativorgan umbildete.

Gewiß wäre es verfehlt, von den alten Reichsgerichten zu dem heutigen Bundesverfassungsgericht eine ungebrochene Entwicklungslinie zeichnen zu wollen. Denn zu viele Exemtionen gab es damals gerade in dem Bereich, der den „politischen" Teil der heutigen Verfassungsgerichtsbarkeit ausmachte. Worum es mir geht, ist hervorzuheben, daß die Gerichtsbarkeit in der Wahrung höchster Rechte im deutschen Rechtskreis stets eine herausragende Stellung innehatte. Im Stile dieser Tradition sprachen sich dann auch die Federalist Papers, namentlich durch Alexander Hamilton[7], im Bruch mit den Vorstellungen des englischen Mutterlandes für eine starke Gerichtsbarkeit aus, die den Vorrang der Verfassung vor den Gesetzen zu sichern hatte.

Forscht man den Wurzeln der Verfassungsgerichtsbarkeit nach, so darf ihre zweite Komponente nicht vergessen werden; sie entstammt dem bundesstaatlichen Prinzip. HANS KELSEN sah in der Verfassungsgerichtsbarkeit überhaupt erst die rechtliche Vollendung der politischen Idee des Föderalismus[8]. War es im Deutschen Bund von 1815 nur eine Art Schiedsgerichtsbarkeit, die Austrägalgerichtsbarkeit, die zwischen den Gliedern des Bundes zu entscheiden hatte, so mußte ein konsequent gedachter Bundesstaat, zu dem sich (souveräne) Staaten unter einer Gesamtverfassung vereinigten, eine Instanz finden, die beider Kompetenzen und die Einhaltung der Verfassung überwachen konnte, ohne Partei zu sein[9]. Mit diesem Ziel setzten der RV-Entwurf von 1849 in § 126, die Schweiz und Österreich eine Gerichtsbarkeit ein. Indes,

[4] Vgl. das bei H. J. FALLER wiedergegebene Zitat aus dem Bericht des Verfassungsausschusses (in: Festgabe W. Geiger, 1974, S. 827 (855).

[5] Die Reichsaufsicht, 1917, S. 17. Dementsprechend wurde jurisdictio lange als das umfassende Hoheitsrecht verstanden (R. THOMA, HdbDStR Bd. II, 1932, S. 129).

[6] Vgl. H. HUBER, Rechtstheorie, Verfassungsrecht, Völkerrecht, 1971, S. 435; W. SCHÖNFELD, Der Traum des positiven Rechts, AcP 135 (1932), S. 24.

[7] Nr. 78; A. DE TOCQUEVILLE, Über die Demokratie in Amerika, dtv-Ausgabe, 1976, S. 111ff.

[8] VVDStRL Heft 5 (1929), S. 30 (81).

[9] Klar und weitblickend erkannt von W. VON HUMBOLDT in seinen Entwürfen für eine Bundesverfassung an den Wiener Kongreß: „daß, wenn es der künftigen Verfassung an einem Bundesgericht fehlt, man nie wird die Überzeugung aufheben können, daß dem Rechtsgebäude in Deutschland der letzte und notwendigste Schlußstein mangele" (vgl. J. L. KLÜBER, Akten des Wiener Kongresses II, S. 6).

ähnlich wie der Absolutismus der souveränen Landesherrn der alten Gerichtsbarkeit des Reiches Einhalt gebot, war es 1871 im deutschen Bundesstaat die politische Kraft und Hegemonierolle Preußens, die föderale Streitigkeiten nicht einem Gericht anvertrauen mochte, sondern der politischen Auseinandersetzung im Bundesrat. Die verfassungsgerichtlichen Vorläufer auf der Reichsebene, nicht auf der Landesebene, fanden so ihr Ende.

Die Weimarer Reichsverfassung brachte in Form der Reichsstaatsgerichtsbarkeit eine Wiederanknüpfung an die Paulskirchenverfassung und die Staatsgerichtsbarkeit der Länderverfassungen[10]. Aber sie enthielt empfindliche verfassungsgerichtliche Lücken:

- Keine Verfassungsbeschwerde des Bürgers gegen Hoheitsakte im Falle der Verletzung verfassungsmäßiger Rechte;
- Keine Organstreitigkeiten zwischen Reichsorganen;
- Keine Konzentrierung der Überprüfung der Verfassungsmäßigkeit von Gesetzen beim Staatsgerichtshof für das Deutsche Reich;
- Keine Überprüfung völkerrechtlicher Verträge.

Eine dritte, eher neuere Komponente, die ebenfalls zur Einrichtung einer Verfassungsgerichtsbarkeit gedrängt hat, ist der Charakter der jeweiligen Verfassung. Eine rechtlich weit ausgreifende oder tief in das Rechtsleben eindringende Verfassung, wie die deutsche des Jahres 1949, mußte ohne das Ventil judikativer Rechtsfortbildung allzu häufig zu Verfassungsänderungen greifen. Die Väter des Grundgesetzes mochten diesen Gedanken freilich mehr geahnt als bewußt ausgesprochen haben. Er ist heute sicher einer der wirkungsträchtigsten für die Stabilität unserer gesamten Verfassungsordnung[11]. Zugleich scheint er mir, worauf ich jedoch nur am Rande eingehen kann, ein Widerstandsrecht weithin gegenstandslos zu machen – ein Zusammenhang, der bei Einfügung des Art. 20 Abs. 4 in das Grundgesetz 1968 nicht deutlich genug gesehen wurde[12].

[10] Zur Staatsgerichtsbarkeit der deutschen Länder vgl. K. STERN, Verfassungsgerichtsbarkeit des Bundes und der Länder, 1978, Einführung, S. XXXIVff.; s. a. E. FRIESENHAHN, in: Bundesverfassungsgericht und Grundgesetz, Bd. I, 1976, S. 748ff.; P. HÄBERLE (Hrsg.), Verfassungsgerichtsbarkeit, 1976, S. 132ff., 137ff.

[11] Er bedarf noch eingehender Durchleuchtung; vgl. bes. P. HÄBERLE, ZSchwR 1978, 1ff.; *ders*, Verfassungsgerichtsbarkeit, aaO; W. R. SCHENKE, AöR Bd. 103 (1978), S. 566ff.; W. FIEDLER, JZ 1979, 417ff.

[12] Vgl. dazu näher K. STERN, Staatsrecht, Bd. II, 1980, § 57.

II. Die Verfassungsgerichtsbarkeit – eine neue Dimension der Verfassungsstaatlichkeit

Bereits diese kurzen Hinweise auf Motive und Entwicklungsgang lassen aufleuchten, wie sehr sich die Frage nach der Richtigkeit der Einsetzung und der Reichweite der Kontrollkompetenz der Verfassungsgerichtsbarkeit wie ein roter Faden durch diese Institution zieht. Die Antwort darauf ist immer zugleich auch eine Aussage über Bedeutung und Sanktion einer Verfassung. Insofern gilt die Feststellung des Schweizers W. KÄGI: „Sage mir Deine Einstellung zur Verfassungsgerichtsbarkeit, und ich sage Dir, was für einen Verfassungsbegriff Du hast."[13] Sehe ich es nach einem über dreißigjährigen Bestand der Verfassungsgerichtsbarkeit in der Nachkriegszeit richtig, so ist diese Feststellung einer Ergänzung bedürftig: Die Existenz einer Verfassungsgerichtsbarkeit determiniert nicht nur den Verfassungscharakter, sondern sie ist mehr noch Ausdruck eines ganz bestimmten Staatsverständnisses und des Verhältnisses der staatlichen Institutionen zueinander und zum Bürger. Das Thema Verfassungsgerichtsbarkeit ist daher sowohl eine zentrale Frage des *positiven* Staatsrechts, zugleich aber auch ein fundamentaler Bestandteil einer neu zu konzipierenden Theorie des modernen Verfassungsstaates freiheitlich-demokratischer Prägung und seiner Wirkungsweise; denn durch ein Verfassungsgericht mit umfassender Zuständigkeit, also einer Einrichtung der rechtsprechenden Gewalt, wird Gerichtsbarkeit in einer Weise in den staatlichen Willensbildungsprozeß einbezogen wie nie zuvor in der deutschen Geschichte, was niemand deutlicher als einer der schärfsten Gegner der Verfassungsgerichtsbarkeit, C. SCHMITT, erkannt hatte[14]. Die Dritte Gewalt ist wirkliche Staatsgewalt, pouvoir, geworden[15]. Der aufmerksame Beobachter des politischen Geschehens hat diesen Aspekt angesichts der politischen Resonanz vieler Urteile des Bundesverfassungsgerichts längst registriert und allenfalls in kurzen Epochen der amerikanischen Verfassungsgeschichte Vergleichbares festgestellt. Verfassungsgerichtsbarkeit ist jedenfalls in der Bundesrepublik Deutschland neben Rechtsetzung, Regierung und Verwaltung zu

[13] Die Verfassung als rechtliche Grundordnung des Staates, 1945, S. 147 FN 65. Ausgangspunkt jeder Erörterung über die Verfassungsgerichtsbarkeit muß notwendigerweise die Verfassung sein (Z. GIACOMETTI, Die Verfassung des Schweizer Bundesgerichts, 1933, S. 1). Diesen Ansatz hat neuerdings auch P. HÄBERLE wieder herausgearbeitet (Kommentierte Verfassungsrechtsprechung, 1979, S. 438ff.). Sein Verfassungsbegriff im Stile eines contrat constitutionel nach Art eines modernen Gesellschafts- und Generationenvertrags muß das Verfassungsgericht freilich in eine weitergehende Funktion drängen.

[14] Verfassungsrechtliche Aufsätze, aaO, S. 97f.

[15] Vgl. demgegenüber noch die Definition von ROTTECK, in: ROTTECK – WELCKER, Staatslexikon, 2. Aufl. 1874, Artikel: Justiz.

einem ordnungsprägenden Faktor des staatlichen Lebens geworden[16]. Im Sinne SMENDS ist sie ein „Integrationsfaktor" geworden. Bei etwas geringeren Kompetenzen ist diese Feststellung für den österreichischen[17] – auch nach der Kompetenzerweiterung von 1975 – und den italienischen Verfassungsgerichtshof[18], der keine Verfassungsbeschwerde kennt, nicht gleichermaßen evident. Doch ist allen drei gemeinsam, daß das offenkundige Versagen des Parlaments oder des Staatsoberhaupts als Hüter der Verfassung den Anstoß gab, eine Institution der Dritten Gewalt für eine Garantie der Verfassung zu aktivieren oder zu reaktivieren. So entschieden zu haben, war eine freie politische Entscheidung des Verfassungsgebers, die anderswo nicht in gleicher Weise getroffen worden ist. Doch wird sichtbar, daß die Verfassungsgerichtsbarkeit nach deutschem Muster in Europa im Vordringen begriffen ist: Türkei[19], Jugoslawien[20], Spanien[20a] und die Schweizer Verfassungsentwürfe[21]; nicht zuletzt gibt es auch in Frankreich deutliche Zeichen für eine solche Entwicklung[22]. Man kann eine solche Entscheidung für politisch unklug

[16] Unter dieses Thema hatte ich meinen unveröffentlichten Münchener Habilitationsvortrag vom Juli 1961 gestellt. R. SMEND selbst hat dies für die Justiz der Weimarer Reichsverfassung in Abrede gestellt (Staatsrechtliche Abhandlungen, 2. Aufl. 1968, S. 208f.), wohl aber die Verfassungsgerichtsbarkeit unter dem Grundgesetz bejaht (Das Bundesverfassungsgericht, aaO, S. 581ff. (593)). Für verfehlt halte ich es, unter den Faktoren „einen artbestimmenden" herauszusuchen (so C. SCHMITT, aaO, S. 98f.) und dann einen Gesetzes-, Verwaltungs- und Jurisdiktionsstaat zu charakterisieren. Der Staat der Gegenwart bedarf aller drei „Kernsubstanzen" zu seiner politischen und sozialen Existenz. Bemerkenswerterweise beginnt LAURENCE H. TRIBE die Darstellung der drei Gewalten im amerikanischen Verfassungsrecht mit dem Federal Judicial Power (American Constitutional Law, 1978, S. 20ff.), der umfangreicher dargestellt ist als die beiden anderen Gewalten.

[17] Vgl. K. WENGER, Gedanken zur Reform der Verfassungsgerichtsbarkeit, Schriftenreihe Niederösterreichische Juristische Gesellschaft, Heft 13, 1978.

[18] Zu ihm vgl. die ständigen Berichte in den Jahrbüchern des öffentlichen Rechts, zuletzt Bd. 18, S. 227ff. und neuestens TH. RITTERSPACH, AöR 104 (1979), S. 137ff.

[19] Zuletzt S. ARMAGAN, Annales de la Faculté de Droit d'Istanbul, 1979, S. 555ff.

[20] Nach Art. 4 Abs. 3 Gesetz über das Verfassungsgericht vom 24. 12. 1963 kann dieses sogar Verfassungsmäßigkeitsprüfungen auf Grund eigener Initiative einleiten. Darin dürfte eine Singularität liegen, die mit dem Sinn und Zweck der richterlichen Tätigkeit nicht vereinbar ist. Gerichte sollten nur auf Antrag tätig werden. Dies gilt auch für einstw. Anordnungen, die stets – wenn sie nicht gesondert beantragt werden – ein anhängiges Verfahren voraussetzen (a. A. W. GEIGER, Kommentar zum BVerfGG, S. 120).

[20a] Vgl. Art. 159ff. der Verfassung von 1978; dazu H. J. FALLER, Verfassungsgerichtsbarkeit in Spanien, EuGRZ 1979, 237ff.; H. SCHAMBECK, Die Verfassung Spaniens 1978, in: Ius Humanitas, Festschrift für A. Verdross, 1980, S. 208ff.

[21] Sehr deutlich für eine umfassende Verfassungsgerichtsbarkeit H. HUBER, NZZ 1979, Fernausgabe Nr. 261; vgl. auch K. EICHENBERGER, Festschrift W. Kägi, 1979, S. 79 (83 Fn. 11); P. SALADIN, DVBl. 1978, 322ff.; W. HALLER, ZSchwR 1978, S. 501ff.; Expertenkommission, Bericht 1977, S. 178ff.

[22] Vgl. die Erweiterung des Vereins der Antragsteller in Art. 61 Abs. 2 durch Verfassungsänderung vom 29. 10. 1974; FAVOREU/PHILIP, Le Conseil constitutionel, 1978; CHR. TOMUSCHAT, EuGRZ 1979, 191; CHR. AUTEXIER, Der Staat Bd. 15 (1976), S. 89ff. Allge-

halten – aber wenn sie einmal getroffen ist, kann man nicht ihre Konsequenzen ignorieren oder diskreditieren. Auch Gegner der Verfassungsgerichtsbarkeit können nicht leugnen, daß vieles dafür spricht, unabhängige und parteipolitisch neutrale Institutionen, wie es Verfassungsgerichte sein müssen, zur Wahrung der Verfassung einzusetzen; denn bei der Durchsetzung der Verfassung geht es um Recht und vor allen Dingen um Recht, das höchsten Ranges hienieden ist und nur von einer qualifizierten Mehrheit abgeändert werden darf, wenn ich einmal die Unantastbarkeit nach Art. 79 Abs. 3 GG unberücksichtigt lasse[23]. Die Entscheidung zugunsten einer umfassenden Verfassungsgerichtsbarkeit hat jedenfalls eine Wende in der Behandlung von Verfassungsfragen eingeleitet, der Verfassungsstaatlichkeit eine neue Dimension eröffnet, ihr eine neue Qualität gegeben. Der letzte und tiefste Grund für diese Entscheidung liegt wohl darin, daß das Vertrauen in den Staat geringer, das in das Recht größer geworden ist. Notwendigerweise müssen daher die rechtsbewahrenden Institutionen in den Vordergrund treten.

III. Die Entscheidung des Parlamentarischen Rates für ein Verfassungsgericht als Hüter der Verfassung

Die Entscheidung für ein Verfassungsgericht als Hüter der Verfassung ist im Parlamentarischen Rat *bewußt* getroffen worden. Sie war bereits im Entwurf des Herrenchiemseer Verfassungskonvents klar vorgezeichnet. Der Rechtspflegeausschuß des Parlamentarischen Rates war in dieser Grundsatzfrage einig; Diskussionen gab es lediglich in Detailfragen[24]. Dieser Feststellung bedarf es, um die mitunter gebrauchte Legende zu widerlegen, das Bundesverfassungsgericht habe durch eine ausgreifende Rechtsprechung seine weitreichende Kompetenz erst Schritt für Schritt usurpiert und sich nunmehr selbst, wie ein jüngstes Sondervotum meint, sogar zur „‚Verfassungsgesetzgebungsinstanz' entwickelt" und damit „zum (unkontrollierbaren) ‚Herrn' der Verfassung"[25]. Es besteht Anlaß daran zu erinnern, daß im Parlamentarischen Rat Vertreter aller Parteien die Institution eines Verfassungs-

mein zur europäischen Verfassungsgerichtsbarkeit vgl. die Konferenz der Europäischen Verfassungsgerichte.

[23] Vgl. dazu K. Stern, Staatsrecht, Bd. I, § 5 IV, S. 134ff.; ebenda auch zur Bindung von vorverfassungsrechtlichem Recht.

[24] JöR Bd. 1, S. 673; H. Laufer, Verfassungsgerichtsbarkeit und politischer Prozeß, 1968, S. 38ff., 57ff.; W. R. Schenke, NJW 1979, 1321.

[25] M. Hirsch, EuGRZ 1978, 182; ein Wort, das im übrigen auf C. Schmitt zurückgeht (Der Hüter der Verfassung, 2. Aufl. 1969, S. 53).

gerichtshofs als „Hüter der Verfassung" mit Normenüberprüfungs- und Kompetenzabgrenzungsbefugnis verlangten[26]. Von niemandem angezweifelt fiel der Satz: „Entweder wird das *Recht* tatsächlich als die *Grundlage der menschlichen Gesellschaft* anerkannt und dann auch mit den notwendigen Garantien zu seiner Verwirklichung ausgestattet. Oder aber die politische Zweckmäßigkeit wird zum höchsten Prinzip erhoben, was dann wieder zu den gefährlichen Grunddogmen einer vergangenen Epoche hinführen würde, wonach eben Recht ist, was dem Volke oder der Regierung oder dem Staate nutzt."[27] Dieses Bekenntnis ist Ausdruck der verfassungsgebenden Gewalt des Volkes. An diese zu erinnern, hielt das Bundesverfassungsgericht im Kalkar-Beschluß für angebracht[28]. Dessen Entscheidung sollte gerade von denen respektiert werden, die immer wieder einen der pouvoirs constitués, meist das Parlament, mit seiner angeblich unbeschränkten und unbeschränkbaren Souveränität gegen das Verfassungsgericht ins Feld führen. Die Bedeutung dieser verfassungsrechtlichen Fundamentalentscheidung möchte ich nun nach einigen, in der aktuellen Diskussion immer wieder erörterten Richtungen hin verfolgen.

1. Die Kontrolle aller staatlichen Gewalt

Verfassungsgerichtsbarkeit ist letztverbindlich entscheidende Gerichtsbarkeit über Verfassungsrechtsfragen. Durch sie wird die Verfassung als höchstrangige Rechtsnorm in einem Staat unter umfassenden gerichtlichen Schutz gestellt. Die deutsche, durch ein eigenständiges Verfassungsgericht gewährte Verfassungsgerichtsbarkeit geht damit z. B. erheblich über die nur mittelbar durch das Bundesgericht gewährte Schweizer Verfassungsgerichtsbarkeit hinaus, die überdies noch keine prinzipale Normenkontrolle gegen Bundesgesetze

[26] Vgl. Süsterhenn, Parlamentarischer Rat, S. 25; Menzel, S. 31f. Eine Ausnahme machte nur der Vertreter der KPD. An diesen Befund erinnerte H. J. Vogel jüngst (DÖV 1978, 666). – Natürlich verkenne auch ich nicht, worauf in der Diskussion vor allem U. Scheuner hingewiesen hat, daß ein Verfassungsgericht allein keine Verfassung erhalten kann. Hierzu ist die Verfassungstreue aller Staatsorgane notwendig und die Bewahrung jenes Grundkonsenses, von dem unten IV. die Rede ist.

[27] Stenogr. Berichte, S. 25 r.; Hervorhebung nicht im Original. H. Quaritsch hat jüngst formuliert: „Das Verfassungsgericht ist ein vom Volkssouverän eingesetztes Organ von Spezialisten, das die Generalisten der anderen eingesetzten Organe auf Innehaltung des allgemeinen Handlungsrahmens der Verfassung kontrollieren soll, ein Gedanke, mit dem ja schon der Supreme Court in Marbury v. Madison seine richterliche Kontrollzuständigkeit begründete" (Der Staat Bd. 17 (1978), S. 428).

[28] BVerfGE 49, 89 (125).

kennt[29]. Während die Schweizer Verfassungsgerichtsbarkeit die verfassungsmäßigen Rechte der Bürger schützt[30], dient die deutsche dem Schutz der Verfassung schlechthin. Da die Verfassung für jedwedes staatliche Handeln maßgeblich und verbindlich ist, wird damit *alle* Staatsgewalt der Kontrolle der Verfassungsgerichtsbarkeit unterworfen. Dies ist das Besondere der Verfassungsgerichtsbarkeit, meist als Schlußstein, als Krönung der Rechtsstaatlichkeit bezeichnet, wenn man die Entwicklungsgeschichte im justiziellen Bereich mit den Perioden kennzeichnet: gerichtliche Kontrolle der Strafgewalt, des fiskalischen Handelns und alsdann des administrativen Handelns des Staates. In der Verfassungsgerichtsbarkeit werden nunmehr auch der Gesetzgeber und die Regierung auf die Verfassungsmäßigkeit ihres Handelns überwacht. Verfassungsgerichtsbarkeit ist sonach die Konsequenz des Vorrangs der Verfassung, ihres normativen Höchstranges, und deren uneingeschränkter Rechtsverbindlichkeit. Als materiell allein an die Verfassung gebunden, ist Determinationsfaktor der Verfassungsrechtsprechung nicht ein pouvoir constitué, sondern die verfassungsgebende Gewalt des Volkes und der mit qualifizierter Mehrheit entscheidende Verfassungsänderungsgesetzgeber.

Es ist offenkundig, daß durch die gerichtliche Sanktion des Verfassungsrechts zwei Organe in besonderem Maße betroffen werden, denen der Verfassungsstaat ohne Verfassungsgerichtsbarkeit weitgehende rechtliche Kontrollfreiheit zugemessen hat: Parlament und Regierung, letztere vor allem, soweit sie nicht als Verwaltungsbehörde, sondern echt gubernativ tätig wird. Gerade die Kontrolle der Funktionen Rechtsetzung und Regierung war es denn auch, die die Verfassungsgerichtsbarkeit zum Gegenstand des Besonderen gegenüber anderen Gerichtsbarkeiten machte und sie als nicht unproblematisch hinstellen ließ. Otto von Bismarck hat dies 1863 vor dem Preußischen Landtag folgendermaßen ausgedrückt: „Wenn ... ein Gericht berufen würde ..., die Frage zu entscheiden: ist die Verfassung verletzt oder ist sie es nicht?, so wäre damit dem Richter zugleich die Befugnis des Gesetzgebers zugewiesen; er wäre berufen, die Verfassung authentisch zu interpretieren oder materiell zu vervollständigen ...“[31] Ist solche Ablehnung berechtigt? Ich meine nein, und zwar nicht nur, weil positiv-rechtlich die Frage entschieden ist, sondern auch deshalb, weil sie in einem tieferen Sinne rechts-

[29] Vgl. M. Imboden, in H. Mosler (Hrsg.), Verfassungsgerichtsbarkeit in der Gegenwart, 1962, S. 506 (513f.). Etwas anders ist die Rechtslage in den USA: Verfassungsgerichtsbarkeit gibt es nur im Rahmen eines konkreten Rechtsstreits (vgl. zuletzt etwa H. Seibert, EuGRZ 1978, 386ff.).

[30] Zuletzt etwa SchwBGr, EuGRZ 1979, 6f.; H. Huber, JöR Bd. 18, S. 57ff. Zur Entstehung der Schw. Verfassungsgerichtsbarkeit Z. Giacometti, Die Verfassungsgerichtsbarkeit des Schweizer Bundesgerichts, 1933, S. 27ff.

[31] Die politischen Reden des Fürsten Bismarck, 1892, Bd. 2, S. 170.

richtig und der Idee des Verfassungsstaates gemäß konsequent entschieden ist: Der Verfassungsstaat basiert auf der Prämisse, daß die Verfassung als oberste Norm die Ausübung aller Staatsgewalt bestimmt. Ist es aber eine Rechtsnorm, die Richtschnur staatlichen Handelns ist, so ist es – ich wage die Vokabel – logisch, daß die Interpretation und Wahrung dieses Rechts in die Hand eines Organs der rechtsprechenden Gewalt gelegt wird, d. h. einer spezifisch für die Rechtskontrolle eingerichteten Institution und nicht eines genuin politischen Organs. Ist keine Verfassungsgerichtsbarkeit vorhanden, so entscheidet zwangsläufig allein der Gesetzgeber, ob er sich im Rahmen der Verfassung hält oder nicht, weil es kein Organ über ihm gibt, Verfassungsschranken zu überwachen. Die Verfassungsmäßigkeitsprüfung würde allein in ihm selbst ruhen. Dies aber ist solange bedenklich, als alle parlamentarischen Kontrollmechanismen durch Mehrheitsbeschlüsse überwindbar sind. Gerichte als Hüter der Verfassung sind darüber hinaus Ausdruck sinnvoller Arbeitsteilung unter den Staatsorganen. Die Regierung soll politisch führen, das Parlament Gesetze geben, das Staatsoberhaupt die Gesamtheit des Staates und seiner Bürger repräsentieren, das Verfassungsgericht die Einhaltung der Verfassung gewährleisten.

Eine Rückblende auf die Zeit vor 1945 läßt erkennen, daß alle bisherigen Kontrollmechanismen zum Schutze der Verfassung die Entartung des Verfassungsstaates nicht verhindert haben. Es genügt hier, an die Konstruktion eines Staatsoberhaupts als „Hüter der Verfassung“[32] zu erinnern, der mit dieser Aufgabe als einzelner aus in der Sache liegenden Gründen überfordert ist und es füglich auch in der Zukunft wäre. Auch die seither abgelaufenen mehr als dreißig Jahre neugeordneter Staatlichkeit haben die Furcht vor einer Unkontrollierbarkeit des demokratischen Gesetzgebers und der aus seinem Schoße gebildeten Regierung nicht zum Schwinden gebracht. Es lassen sich sogar gute Gründe finden, die gerade unter den Bedingungen des letzten Drittels des 20. Jahrhunderts die Notwendigkeit der Existenz rechtlicher Kontrollfaktoren noch überzeugender machen[33]:

Die Parlament und Regierung beherrschenden politischen Parteien haben das Prinzip der Gewaltenkontrolle zwar nicht ineffektiv werden lassen, aber doch geschwächt. Die Entgegensetzung von Parlament und Regierung ist einer neuen Frontstellung gewichen: Regierung und Parlamentsmehrheit einerseits und kontrollierende oppositionelle Parlamentsminderheit andererseits. Geht es um Fragen der Beachtung der Verfassung, kann man der Parlamentsmehrheit mit Erfolg nur in den Arm fallen, wenn eine Verfassungs-

[32] Vgl. C. Schmitt, aaO; K. Doehring, Der Staat Bd. 3 (1964), S. 201ff.

[33] Sie haben wohl auch dazu geführt, der Verfassungsgerichtsbarkeit in anderen Staaten zum Durchbruch zu verhelfen (oben FN 17f.).

gerichtsbarkeit existiert, die verfassungswidrige Akte kassieren darf. Die Verfassungsgerichtsbarkeit wird so zum unentbehrlichen Kontrollorgan für die Wahrung der obersten Rechtsnormen. Zugleich ist sie ein wesentlicher Faktor des Minderheitenschutzes, soweit es sich um verfasungsgeschützte Rechtspositionen handelt.

Gleiches gilt im Bundesstaat hinsichtlich der Verteilung der Kompetenzen zwischen Bund und Ländern. Beide Schutzfünktionen erfahren einen Bedeutungszuwachs, wenn man sich die Macht- und Kompetenzzusammenballung des modernen Staates vor Augen führt. Wir wissen um die Gefährlichkeit des Eingriffsstaates seit langem; für die Gefahren des Wohlfahrtsstaates und dessen denkbarer Steigerungen sind uns erst in jüngerer Zeit die Sinne geschärft. Beide können individualitäts-, freiheits-, pluralitäts- und dezentralitätsgefährdend und damit vitalitätsbedrohend wirken. Daß sich zu solchen Gefahrenquellen auch noch andere Mächte – moderne pouvoirs intermédiaires – entwickeln können, gegenüber denen die Abwehrkräfte immer mehr erlahmen, ist nicht vergessen, wäre aber einer besonderen Untersuchung wert. Mit all dem geht eine ungeheure Ansammlung an Rechtsstoff – Gesetzen, Verordnungen und sonstigen Vorschriften – einher. Gouverner c'est légiferer gilt heute mehr denn je. Dem Adolph Wagner'schen Gesetz der wachsenden Staatsausgaben korrespondiert ein Gesetz der wachsenden Staatsaufgaben. Entgegenstehende politische Bremsen haben bislang nicht gewirkt. Die Gründe hierfür sind gewiß vielschichtig. Einer davon ist nach meiner Einschätzung auch darin zu erblicken, daß das System parlamentarisch-politischer Kontrollen nicht mehr richtig greift und die Programme politischer Parteien sich in Forderungen an den Staat nicht unähnlich sind. Gerade in einer solchen Situation hat sich der Richter ein beachtliches Maß an Autorität, Vertrauen und Überzeugungskraft im Volke bewahren können. Sein Spruch besitzt hohe Legitimationskraft. Hingegen ist bei Parlament und Regierung ein Anerkennungs- und Führungsdefizit in vielen die Nation bewegenden Fragen zu registrieren.

2. *Die Rechtsbindung des politischen Handelns*

Die Gegner der Verfassungsgerichtsbarkeit führen als Hauptargumente ins Feld, ein Gericht sei als Entscheidungsinstanz in rebus politicis ungeeignet, oder das Gericht habe im Einzelfall eine „politische" Entscheidung gefällt und damit die ihm als Rechtsprechungsorgan wesensmäßig gezogenen Grenzen verlassen. Diese Kritik wird immer wieder vorgetragen, und zwar nicht nur von den im Rechtsstreit Unterlegenen. Aktuelle Anlässe der letzten Jahre lassen sich beliebig nennen: Die Urteile zur Wehrdienstnovelle, zu den außerplanmäßigen Ausgaben, zu den Diäten der Abgeordneten, zu § 218 StGB, zu den Extremisten, zum Grundlagenvertrag, zu den Hochschulgesetzen usw. Die Kette ließe sich ohne weiteres um mehrere frühere Entscheidungen vermehren[34].

Meine These lautet: Diese Kritik geht von einem prinzipiell falschen Ansatz aus, wenn sie mit der institutionellen oder kategorialen Argumentationsfigur Gericht *oder* Parlament bzw. Regierung und Recht *oder* Politik arbeitet. Zugespitzt werden solche Einwände meist in der Formel von „richterlichem Veto", „richterlicher Zensur", vom „government of judges" vom „Ersatzgeber" oder von der „Dritten Kammer" umschrieben, um nur die sachlichen Charakterisierungen zu zitieren[35]. Wenn der Inhalt einer Verfassungsnorm namentlich bei den Generalklauseln, Ziel- und Wertentscheidungen für die pouvoirs constitués zweifelhaft ist, so wird ihre Interpretation durch ein Verfassungsgericht, wie C. SCHMITT meinte, „ihrem Wesen nach nicht mehr (für eine) richterliche Entscheidung" gehalten[36]. Ist sie aber nicht mehr Rechtsprechung, so kann sie zwangsläufig nur politische Dezision sein: Politik, wie C. SCHMITT, oder „konstitutiver Verfassungsakt", wie J. ESSER[37] meint, im Gewande eines Richterspruchs.

[34] Diese Urteile werden gemeinhin zuletzt genannt (vgl. H. J. VOGEL, DÖV 1978, 665; E. BENDA, in: 30 Jahre Grundgesetz, Schriftenreihe Speyer Bd. 78, 1979, S. 103ff.; *ders.*, auch Grundrechtswidrige Gesetze – Ein Beitrag in den Ursachen verfassungsgerichtlicher Beanstandung, 1979; – aus früheren Zeiten stand im Zentrum der Kritik das Urteil zur Deutschland-Fernsehen GmbH (BVerfGE 12, 205ff.).

[35] Vgl die Hinweise etwa bei P. HÄBERLE, Kommentierte Verfassungsrechtsprechung, 1979, S. 429, mit diesbezüglichen Zitaten von Äußerungen in den Medien und anderswo; einen Strauß mehr polemischer Äußerungen zitieren H.-J. VOGEL, aaO, und W. R. SCHENKE, NJW 1979, 1321. Er ließe sich vermehren um Formulierungen F. FARTHMANNS (vgl. sein Interview in „Die Welt" vom 13. 2. 1979). FARTHMANNS vorangegangene Äußerungen haben allerdings das Plenum des Bundesverfassungsgerichts am 6. 12. 1978 zu einer Entgegnung bewogen: „Hier handelt es sich nicht um Kritik am Bundesverfassungsgericht, sondern um den unverhüllten Versuch, auf das Gericht zugunsten einer Seite Pressionen auszuüben. Es ist mit der vom Grundgesetz gewährleisteten Stellung unabhängiger Gerichte schlechthin unvereinbar, wenn – von welcher Seite auch immer – Druck auf die Rechtsprechung ausgeübt werden soll. Das Bundesverfassungsgericht hat in einer viertägigen öffentlichen Sitzung über die ihm vorliegenden Verfahren zum Mitbestimmungsgesetz verhandelt. Das Plenum des Bundesverfassungsgerichts verwahrt sich gegen den unzulässigen untauglichen und in der Form verfehlten Versuch, nach Abschluß dieser Verhandlung und vor Beginn der Beratungen des Senats auf dessen Entscheidung Einfluß zu nehmen."

S. ferner TH. SCHRAMM, DRiZ 1976, 293 (295f.); W. RUPP-v. BRÜNNECK, AöR Bd. 102 (1977), S. 24f.; R. ZUCK, ZRP 1978, 189ff.; Auf dem Weg zum Richterstaat (Hrsg. G.-K. KALTENBRUNNER), 1979.

[36] aaO.

[37] Vorverständnis und Methodenwahl in der Rechtsfindung, 1970, S. 198.

Ich halte diese Auffassung für unzutreffend. Sie verkennt den Charakter des Verfassungsrechts und der zu seiner autoritativen Feststellung berufenen Gerichtsbarkeit gleichermaßen wie das Wesen des Politischen. Bei dieser Entgegensetzung wird nämlich das Politische als etwas von vornherein Bestimmtes, nicht Definitionsbedürftiges vorausgesetzt. Gerade dies aber ist höchst fragwürdig. Generationen von Staatsrechtslehrern, Philosophen und Politikwissenschaftler haben sich um seine Erhellung bemüht. Ersparen Sie mir, auf die zahllosen Definitionen zu verweisen. Im vorliegenden Zusammenhang genügt es, zweierlei festzuhalten:

Erstens: Die von den Verfassungsgerichten anzuwendenden Verfassungsrechtsnormen sind (ebenso wie das Völkerrecht[38]) in starkem Maße politisches Recht, genauer Recht für das politische Handeln; denn in ihm werden politische Machtausübung, -verteilung und -beschränkung, die Kompetenzen politischer Organe reguliert und Grundentscheidungen für die Ordnung des Gemeinwesens getroffen[39], kurz die Kraftfelder Macht und Recht determiniert.

Zweitens: Politik in der hier maßgeblichen Entgegensetzung meint ihr dynamisches, ihr gestaltendes Moment, das heute meist auf eine Veränderung bestehender Gesetze hinzielt.

Wenn man diese Erkenntnisse, die den Gehalt des Politischen gewiß nicht erschöpfen, im Auge behält, so kann das Verhältnis von Recht und Politik schwerlich in der Gestalt jener einfachen Antinomie des Entweder-Oder erschlossen werden; es handelt sich vielmehr um höchst komplexe Beziehungen, die ich in meinem „Staatsrecht“ mit einigen Topoi näher zu umschreiben versucht habe[40]. Für unseren Zusammenhang ist folgendes wesentlich:

[38] Vgl. zu der auch dort bestehenden Haltung zu Recht und Politik G. SCHWARZENBERGER, International Law, 2. ed. 1949, S. 390.

[39] Näher K. STERN, Staatsrecht, Bd. I, § 1 V 2 m. w. Nachw.; s. ferner U. SCHEUNER, in: Recht, Staat, Wirtschaft, Bd. III (1951), S. 135ff.

[40] Vgl. neuerdings auch G. HAVERKATE, Gewißheitsverluste im juristischen Denken, 1977, S. 226: „Beide Elemente (scil. Recht und Politik) stehen in einem Zuordnungsverhältnis; wird eines dieser Elemente verabsolutiert, wird der Verfassungsstaat verfehlt“; ferner S. COTTA/E.BENDA/H. SCHAMBECK/A. MALINVERNI, Richter und Politik, in: Rechtsstaat in der Bewährung, Bd. 5, 1978; W. ZÖLLNER, in: Tradition und Fortschritt im Recht, 1977, S. 131ff.“ CHR. STARCK, Das Bundesverfassungsgericht im Politischen Prozeß der Bundesrepublik, 1976; M. KRIELE, NJW 1976, 777 (778); D. GRIMM, JZ 1976, 698; R. ECKERTZ, Der Staat 1978, 183ff.; W. R. SCHENKE, NJW 1979, 1321ff.; J. DELBRÜCK, in: Festgabe E. Menzel 1975, S. 83ff.; J. IPSEN, ZRP 1978, 153ff.; ähnlich wie hier jetzt P. HÄBERLE, Kommentierte Verfassungsrechtsprechung, S. 430. – Aus früherer Zeit etwa G. LEIBHOLZ, Universitas 1963, 1283ff.; *ders.*, JöR Bd. 6 n. F. (1957), S. 109 (144ff.); *ders.*, Strukturprobleme der modernen Demokratie, 3. Aufl. 1967, S. 176; F. KLEIN, Bundesverfassungsgericht und richterliche Beurteilung politischer Fragen, 1966; G. ROELLECKE, Politik und Verfassungsgerichtsbarkeit, 1961; F. SCHUPPERT, Die verfassungsgerichtliche Kontrolle der auswärtigen Gewalt, 1973, S. 115ff.; H. H. KLEIN, Bundesverfassungsgericht und Staatsräson, 1968.

Das Politische *kann* sich nahezu jedem Rechtsgebiet anhaften und damit auch jedem Richterspruch, sei er straf-, zivil-, verwaltungs-, finanz-, arbeits- oder sozialgerichtliches Urteil. Es ist ihm nicht artfremd. Dem Verfassungsrecht und dem verfassungsgerichtlichen Urteil ist es jedoch in der Regel oder wenigstens dem Intensitätsgrad nach spezifisch eigen. Insofern ist es nicht die *Materie*, mittels der eine Grenzlinie gefunden werden kann, sondern die Fundierung der gerichtlichen bzw. politischen Entscheidung[41]. Das Verfassungsgericht entscheidet wie jedes Gericht ausschließlich am Maßstab des Rechts, speziell des Verfassungsrechts. Recht ist die Bedingung seines Richtens. Seine Methode zunächst der Erkenntnisgewinnung und dann der Entscheidungsfindung ist die juristische, wie sie in vielen Jahrhunderten europäischer Rechtskultur ausgebildet wurde. Aus diesem Grunde spielen das gerichtliche Verfahren, die Unabhängigkeit des Richters, die Nichtöffentlichkeit der Beratung eine entscheidende Rolle für die Urteilsgewinnung. Politische Dezisionen beruhen hingegen auf anderen Grundlagen, verfolgen andere Ziele, gehorchen anderen Maßstäben, sind aus anderen Motiven gespeist, bilden sich nach anderen Verfahren heraus, kurz: sind anders motiviert, begründet und strukturiert. Der Richter *darf* nicht nach Beifall schielen, der Politiker kann nicht ohne Resonanz agieren. Es sind unterschiedliche strukturelle und methodische Entscheidungsmaximen, die die Rechtsprechung, auch die der Verfassungsgerichte, durchgängig prägen. Die Verfassungsgerichte haben diese Artverschiedenheiten auch stets betont: So findet sich im Grundlagenvertragsurteil der Satz: Es gehört nicht zur Kompetenz der Verfassungsgerichte, „‚Politik zu treiben', d. h. in den von der Verfassung geschaffenen und begrenzten Raum freier politischer Gestaltung einzugreifen"[42]; ähnlich lautet die Wendung im Wehrdienst-[43] oder im Schleyer-Urteil[44]. In gleicher Weise haben die Landesverfassungsgerichte bei der Überprüfung der kommunalen Neugliederungsgesetze betont, daß es nicht Sache des Gerichts ist, eine vom Gesetzgeber gewählte Lösung auf ihre Zweckmäßigkeit hin zu überprüfen oder darauf, ob sie die vernünftigste oder gerechteste ist[45]. Deshalb bedarf es keiner Regelung nach Art des Art. 28 des italienischen Verfassungsgerichts-Gesetzes (Nr. 78/1953), die dem Verfassungsgericht bei der Gesetzesprüfung

[41] R. Dolzer, Die staatstheoretische und staatsrechtliche Stellung des Bundesverfassungsgerichts, 1972, spricht von Struktur, S. 58, 68f.; ähnlich auch S. Cotta, Richter und Politik, aaO, S. 32.

[42] BVerfGE 36, 1 (14f.).

[43] EuGRZ 1978, 171.

[44] BVerfGE 46, 160 (164f.).

[45] Vgl. die Nachweise bei K. Stern, Staatsrecht, Bd. I, 1977, § 12 II 3 b α; bereits frühzeitig BVerfGE 3, 135; die st. Rspr. ist dokumentiert bei K. Hesse, Grundzüge des Verfassungsrechts der Bundesrepublik Deutschland, 11. Aufl. 1978, S. 229 FN 82.

„jede politische Wertung" und „jede Nachprüfung des Ermessensgebrauchs des Parlaments" verbietet – eine Bestimmung, die praktisch kaum je eine Rolle gespielt hat[46]. Die gemeinhin geübte Urteilsschelte, ein Verfassungsgericht habe „politisch entschieden", muß sich daher sagen lassen, mit einem solchen Pauschalurteil am Kern der Dinge vorbeizuzielen. Kritik kann nur funktionsimmanent ansetzen; sie muß darlegen, wo und wie juristisch falsch argumentiert oder interpretiert wurde. Daß insofern kein Gerichtsurteil a priori fehlerfrei sein kann, ist, solange es Menschenwerk bleibt, unstreitig. Es kann nie das letzte Wort im Sinne eines unbestreitbar gerechten Wahrspruchs sein, sondern stets nur das letzte maßgebliche Wort im Sinne eines für die Gemeinschaft unentbehrlichen Rechtsfriedens. Insofern kann es – von Verfassungsänderungsgesetzgebern abgesehen – keine Korrektur durch eine andere staatliche Instanz außer durch das Verfassungsgericht selbst geben, die unstreitig ist[47].

Diese Grundsatzposition löst freilich nicht alle Probleme. Doch wird erkennbar, daß diese nicht in einer prinzipiellen Alternative, sondern vornehmlich in den Besonderheiten des anzuwendenden Rechtsstoffes, des Verfassungsrechts, liegen. Verfassungsrecht kennt häufiger als andere Rechtsgebiete weitmaschige Normierungen, Generalklauseln, Zielformeln, werthafte Festlegungen. Ihrer Funktion nach muß die Verfassung sparsam mit dem Detail umgehen. Dies bedingt gesteigerte Schwierigkeiten für die Interpretation. Interpretation ist im Verfassungsrecht in stärkerem Maße als bei anderen Gerichten Rechtskonkretisation[48] und Rechtableitung aus explizit oder immanent vorgefundenen Verfassungsprinzipien, wie Rechtsstaatlichkeit, Bundesstaatlichkeit, Sozialstaatlichkeit, parlamentarische Demokratie[49]. Im Verfassungsrecht potenziert sich gewissermaßen die Schwierigkeit der hermeneutischen Aufgabe. Rechtskonkretisierung und Rechtsableitung bedeuten indessen nicht Funktionswechsel zur Rechtsetzung; denn die Rechtsprechung

[46] Vgl. dazu Th. Rittersspach, AöR Bd. 104 (1979), S. 141.

[47] Vgl. dazu jetzt ausführlich M. Sachs, Die Bindung des Bundesverfassungsgerichts an seine Entscheidungen, 1978; N. Wischermann, Rechtskraft und Bindungswirkung verfassungsgerichtlicher Entscheidungen, 1979; K. Stern, Verfassungsgerichtsbarkeit, aaO, S. L II; zur Wiederaufnahme M. Sachs, BayVBl. 1979, 385ff.; VerfGH NW vom 9. 12. 1976 – VerfGH 34/76 und VerfGH 37/76 –.

[48] Dies hat bei der Entstehung des Bundesverfassungsgerichtsgesetzes v. Merkatz deutlich gemacht (Stenogr. Bericht 1951, S. 4219). Vgl. aus dem Schrifttum etwa W. Schönfeld, aaO, S. 43; K. Larenz, Methodenlehre der Rechtswissenschaft, 3. Aufl. 1975, S. 117; K. Engisch, Die Idee der Konkretisierung in Recht und Rechtswissenschaft 1935; K. Hesse, aaO, S. 25ff.; G. Radbruch, Rechtsphilosophie, 6. Aufl. 1963, S. 210, 218, spricht von „Konstruktion".

[49] Vgl. die eindrucksvolle Rechtsprechung des Gerichts zu diesen Prinzipien in meinem Staatsrecht, Bd. I, § 20 II 4, S. 614; § 19 II 5ff., S. 496ff.; § 21 I 1, S. 682f.; § 16 II 3 b, S. 423f.

hat seit langem[50] die Montesquieu'sche Charakterisierung, „la bouche qui prononce les paroles de la loi“ und damit im Funktionssystem „en quelque façon nulle“ zu sein, abgelegt. In der Rechtskonkretisation wächst der Gerichtsbarkeit naturgemäß ein schöpferisches, ein rechtsbildendes und -fortentwickelndes[51], d. h. ein wertendes und rechtsgestaltendes Element zu[52]. Das mag man politisch nennen; aber es ist in einem ganz anderen Sinne politisch als das Handeln des Gesetzgebers oder der Regierung; denn es ist am vorgegebenen Rechtsmaßstab orientiert, es bleibt stets rechtsimmanent, ist nur „punktuell“, nicht generell rechtserzeugend[53], ist Urteilslogik, nicht Gesetzeslogik. Der Richter schafft konkretes Recht aus dem abstrakten Recht um des ihm unterbreiteten Falles willen und nur um desselben willen. Es dürfen von ihm nicht neue Werte und Normen erzeugt werden, sondern es muß innerhalb der gesetzten interpretiert, judiziert und deduziert werden. Das geht zwar nicht ohne eine „Philosophie vom Grund und Ziel des Rechts“, um ein Wort B. Cardozos zu zitieren[54], bedeutet aber nicht Richterkönig oder moderner: „politischer Richter“ bzw. „Sozialingenieur“ zu sein. Diese Charakterisierungen verkennen das Wesen der Rechtsprechung fundamental[55]. Alle Entscheidungen des Verfassungsgerichts haben Exegese des geltenden Rechts zu bleiben, mögen sie auch der Funktion nach z. B. ein Gesetz für ungültig erklären. Hier die Grenze zu wahren, bedeutet ohne Zweifel, auf einem schmalen Grat zu wandern, der stets die Autorität der Verfassungsgerichtsbarkeit insgesamt ins Spiel bringt. Denn immer wird gefragt werden können: Quis custodiet ipsos custodes?[56] Die Antwort kann nur lauten: Für den niemals ganz auszuschließenden Restraum subjektiven Für-Richtig-Haltens nur der Richter

[50] Vgl. O. Bülow, Gesetz und Richteramt, 1885; O. Bachof, Der Richter als Gesetzgeber?, in: Tradition und Fortschritt im Recht, 1977, S. 177ff. m. w. Nachw.; K. Stern, Staatsrecht, Bd. I, § 20 IV 4 m. Nachw.

[51] Zuletzt W. Fiedler, JZ 1979, 417ff.; für die Verwaltungsgerichtsbarkeit H. J. Papier, Die Stellung der Verwaltungsgerichtsbarkeit im demokratischen Rechtsstaat, 1979, S. 16f.

[52] Daß in einem Staatsakt die Grundfunktionen Rechtsetzung und Rechtsanwendung je rein verwirklicht wären, hat schon R. Thoma als Fehlerkenntnis apostrophiert (HdbDStR Bd. II, 1932, S. 128).

[53] Wieacker, zit. bei N. Achterberg, DÖV 1977, 650 FN 10; ähnlich E. Benda, in: Richter und Politik, aaO (Fn. 38), S. 46.

[54] Zitiert bei R. Zippelius, JZ 1976, 150.

[55] Daß dieses Theorem in geradezu eklatanter Weise die Funktionsgrenze von Rechtsprechung und Rechtsetzung verwischt, hindert viele seiner Anhänger nicht, Gegnern des „politischen Richters“ bei passender Gelegenheit solches als schlimme Verfehlung vorzuhalten. Der „politische Richter“ ist die Auflösung des Prinzips der Gewaltenteilung, d. h. eines Stücks mühsam erkämpfter Rechtsstaatlichkeit und Freiheitlichkeit. Der politische Richter ist denn wahrhaftig Rechtsbeherrscher.

[56] Wie es D. Iunius Juvenal (Satiren VI, 347) klassisch, wenngleich mit anderem Bezug, formuliert hat.

selbst, sein Rechtsgewissen. Es gilt der stolze Satz, der Würde und Bürde des Richters ist: „Da tritt kein anderer für ihn ein, auf sich selber steht er da, ganz allein!“

3. Status und Zusammenhang der Verfassungsgerichte

Verfassungsgerichtsbarkeit steht und fällt mit der Qualität und Überzeugungskraft ihrer Rechtssprüche[57]. Im Lichte alter staatstheoretischer Unterscheidungen geht es in diesem Zusammenhang um die auctoritas des Gerichts[58], nicht um seine potestas, die tatsächliche Macht, die ja bei Verfassungsgerichten bekanntlich gering ist[59], sieht man davon ab, daß sie über die Vollstreckung ihrer Urteile in jeder Hinsicht selbst verfügen können (§ 35 BVerfGG). Im entscheidende Maße rücken dadurch das Verfahren der Bestellung sowie die persönlichen und fachlichen Voraussetzungen für die Verfassungsrichter in den Vordergrund der Betrachtung. Der Richterwahl kommt sogar entscheidende Bedeutung für Wert und Funktionstauglichkeit eines Verfassungsgerichts zu[60]. Gemeinhin sind es die Parlamente oder andere oberste politische Organe, im Bundesstaat auch das föderative Organ, die die Richter wählen,

[57] Vgl. dazu das Sammelwerk Die Entscheidungsbegründung in europäischen Verfahrensrechten und in Verfahren vor internationalen Gerichten, hrsg. von R. Sprung und B. König, 1974. Kritisch H. H. Rupp, DÖV 1976, 691ff.

[58] Vgl. dazu B. Constant, Cours de Politique Constitutionelle, 1836, Bd. 1, Erster Teil, S. 1ff.; C. Schmitt, Der Hüter der Verfassung, aaO, S. 135 f. m. w. N.; K. Doehring, Der Staat Bd. 3 (1964), S. 201ff. m. w. N.

[59] M. E. verbietet es sich, ex constitutione lata von der Verfassungsgerichtsbarkeit als „vierter Gewalt“ zu sprechen (so K. Doehring, aaO, S. 219 und neuerdings G. Roellecke, Bundesverfassungsgericht, Gesetzgebung und politische Führung, in: Cappenberger Gespräche B. 15, 1980, S. 24ff.), weil dafür nach der Konzeption des Grundgesetzes kein Raum ist (vgl. näher K. Stern, Staatsrecht, Bd. II, 1980, § 44); die Verfassungsgerichte sind in der Rechtsprechung eingeordnet wie andere Gerichte auch. Es ist nicht einmal eine Besonderheit, daß sie den Gesetzgeber kontrollieren; denn dies haben die Gerichte seit 1925 getan (K. Stern, aaO). Wenn Rechtsnormen die Schranken für das Handeln der Staatsorgane sind, dann ist Gerichtskontrolle zu ihrer Einhaltung legitim.

[60] Ohne einen esprit de corps der Verfassungsrichter verfehlt die Verfassungsgerichtsbarkeit ihren Zweck. Vgl. bes. H. Triepel, VVDStRL Heft 5 (1929), S. 27; H. Müller, ÖZöR n. F. 8, S. 149; J. F. v. Eichborn, Die Bestimmungen über die Wahl der Bundesverfassungsrichter als Verfassungsproblem, 1969; H. Laufer, aaO, S. 206ff.; W. Billing, Das Problem der Richterwahl zum Bundesverfassungsgericht, 1969; Chr. Starck, Das Bundesverfassungsgericht im politischen Prozeß der Bundesrepublik, 1976, S. 33f.; K. Kröger, Festgabe Bundesverfassungsgericht Bd. I, 1976, S. 76ff. Mit einer gewissen Zurückhaltung mag man freilich die Wahl durch den sehr kleinen Wahlmännerausschuß des Bundestags nach § 6 BVerfGG betrachten (dazu K. Stern, Bonner Kommentar, Art. 94 Rdnrn. 81ff.). Dies macht das Verfahren nicht gerade transparent, zumal mit Blick auf die vorgeschalteten Parteiabsprachen. Aber heikle Personalentscheidungen können schwerlich im Plenum behandelt werden.

wobei das berufsrichterliche Element in aller Regel für unverzichtbar gehalten wird. Nicht durchweg, aber doch weitgehend wird die Qualifizierung als „Volljurist" verlangt.

Angesichts des Einflusses der Legislativorgane auf die Richterwahl überrascht es nicht, daß die Untersuchungen dieses Problems bei dem denkbar breiten Entscheidungsspielraum ein parteiproportionales Denken ermittelt haben, das Zweifel indiziert, ob in allen Fällen der optimal geeignete Richter ins Amt gebracht wurde. Dennoch: die Rede vom „schwarzen" oder „roten" Senat des Bundesverfassungsgerichts verstummte nach einiger Zeit. Das Bundesverfassungsgericht selbst sieht die Sache so: „Einem Gericht vom Rang des Bundesverfassungsgerichts und den Richtern gegenüber, die in einem besonderen Berufungsverfahren mit qualifizierter Mehrheit – regelmäßig einmütig – vom Bundestag und Bundesrat gewählt werden, besteht Anlaß, grundsätzlich davon auszugehen, daß sie jene innere Unabhängigkeit und Distanz zu den rechtsuchenden Parteien besitzen, die sie befähigen, in Unvoreingenommenheit und Objektivität auch in politisch heiß umstrittenen Verfahren zu entscheiden."[61] Man ist geneigt, dieser Selbsteinschätzung grosso modo zu folgen. Amtsethos und kollegialer Selbstkontrolle sollte es in der Tat gelingen, die dem Richteramt unentbehrliche Distanzierung von Einseitigkeit und Parteilichkeit zu schärfen[62]. Freilich kann der Appell an alle Wahlorgane nicht unterdrückt werden zu erkennen, daß der Institution und Funktion eines Verfassungsgerichts im letzten noch immer am besten dadurch gedient ist, die fachlichen Qualitätsansprüche über parteipolitische Zugehörigkeiten zu stellen. Die öffentliche Meinung ist in dieser Hinsicht angesichts gelegentlich negativer Erfahrung jedenfalls „sensibilisiert". Unter diesen Prämissen halte ich die bislang festgelegten Wahlverfahren mit qualifizierter Mehrheit, d. i. bekanntlich die gleiche wie für Verfassungsänderungen, für richtig[63]. Wo immer Alternativvorschläge unterbreitet wurden, über die seit Existenz der Verfassungsgerichtsbarkeit nachgedacht wurde, erscheinen sie

[61] BVerfGE 35, 173f. Vgl. die Meinungen über die richtige Zusammensetzung des Verfassungsgerichts bei H. KELSEN, VVDStRL Heft 5 (1929), S. 85; A. MERKL, ebda, S. 103; R. THOMA, ebda, S. 109; aus neuerer Zeit E. BENDA, Richter und Politik, aaO, S. 38 m. w. Nachw.; H. SCHAMBECK, ebda, S. 56ff.; H. KLECATSKY, Festgabe W. Geiger, 1974, S. 925 (928ff.).

[62] BERGBOHM hat das richterliche Ideal in der Fähigkeit beschrieben, den „Verstand jeder Beeinflussung selbst durch die tiefsten persönlichen Überzeugungen und heißesten Herzenswünsche zu entziehen (zitiert bei E. FORSTHOFF, Recht und Sprache, S. 33). Dies wird Ideal bleiben; sehr negativ ist das Urteil von R. ZUCK, ZRP 1978, 190f.: der Richter folgt dem Gesetz, d. h. der Partei, unter dem er angetreten ist. Mit Recht zurückhaltend zu einer stärker parteipolitisch orientierten Richterwahl W. ZÖLLNER, aaO (Fn. 38), S. 138f., 157.

[63] Vgl. auch E. FRIESENHAHN u. W. GEIGER, in: Bundesverfassungsgericht im dritten Jahrzehnt, 1973, S. 70ff., 73ff.; W. WENGER, aaO (Fn. 17), S. 18.

letztlich doch nicht als Verbesserung. Kein Verfassungsgericht kann ohne parlamentarisch abgesicherte Wahlentscheidung seine Aufgabe erfüllen. Es bedarf dieser Verankerung in der repräsentativen Demokratie, um seinem Spruch Integrationsfähigkeit zu sichern.

Die Besonderheiten, die sich bei der Richterbestellung für Verfassungsgerichte ergeben, sind Widerspiegelung seines Charakters als Gericht *und* Verfassungsorgan, eines Status, den der Herrenchiemseer Entwurf durch einen eigenen Abschnitt über das Bundesverfassungsgericht ausdrücken wollte und den jetzt § 1 Abs. 1 BVerfGG formuliert hat: „Das Bundesverfassungsgericht ist ein allen übrigen Verfassungsorganen gegenüber selbständiger und unabhängiger Gerichtshof des Bundes."

Wenn ich recht sehe, geht die erste Bezeichnung eines Verfassungsgerichts als Verfassungsorgan auf eine Äußerung E. KAUFMANNS aus dem Jahre 1920 zurück[64]. Der Statusbericht des Bundesverfassungsgerichts[65] hat dann Bedeutung und Konsequenzen eingehend herausgearbeitet. Verfassungsorgane sind solche obersten Staatsorgane, die in ihrer Existenz, in ihrem Status und in ihren wesentlichen Kompetenzen in der Verfassung nicht bloß erwähnt, sondern von ihr unmittelbar konstituiert werden, wie z. B. Parlament, Staatspräsident, Regierung und eben das Verfassungsgericht[66]. Verfassungsorgane haben statusrechtlich eine besondere, freilich kaum für die Rechtsprechung als solche interessierende Stellung, weswegen darauf hier nicht näher einzugehen ist. Es genügt festzuhalten: Das Verhältnis von Verfassungsorganen zueinander ist grundsätzlich kein solches der Unterordnung, sondern der Gleichordnung, es sei denn, die Verfassung sieht ausdrücklich die Unterordnung vor. Dies machte es beispielsweise erforderlich, in Art. 94 Abs. 2 GG die Ermächtigung für das Bundesverfassungsgerichtsgesetz näher zu konkretisieren. Die Verfassungsorganqualität berechtigt auch zum Erlaß einer Geschäftsordnung, die für das Bundesverfassungsgericht erst am 2. 9. 1975 erlassen wurde, nachdem es seit 1971 eine Verfahrensordnung für Sondervoten gegeben hatte. In der Geschäftsordnung wird sehr stark das kollegiale Element betont, das Gericht also für seine Interna an parlamentarische oder gouvernementale Verfassungsorgane herangerückt. Die doppelfunktionelle Stellung der Verfassungsgerichte als Verfassungsorgan *und* Gericht kommt aber wiederum dadurch zum Tragen, daß ein Gericht sein Verfahren nicht selbst bestimmt, sondern, wie für alle Gerichte, der Gesetzgeber gemäß Art. 94 Abs. 2 GG eine Prozeßordnung erlassen hat.

64 Gesammelte Schriften, Bd. I, 1960, S. 341.

65 JöR n. F. Bd. 6 (1957), S. 109ff.

66 Näher K. STERN, Staatsrecht, Bd. II, § 32 II 2 m. w. Nachw.; BVerfGE 7,1 (14); 40, 356 (360); kritisch R. ZUCK, DVBl. 1979, 383.

Es mag ein Ausdruck dieser Verfassungsorganqualität sein, wenn man dem Bundesverfassungsgericht seit 1970 gestattet, sein Abstimmungsverhältnis bekanntzugeben, und den überstimmten Richtern erlaubt, Sondervoten zu veröffentlichen. Eine Bilanz für dieses anderen Gerichten des europäischen Rechtskreises weitgehend nicht eingeräumte Spezifikum dürfte noch verfrüht sein. So sehr man die Einrichtung für den Supreme Court der USA mehrheitlich für förderlich erachtet hat, so sehr neige ich persönlich eher zur Skepsis angesichts des zeitweise überaus regen Gebrauchs und der Gefahr für die Schwächung der Entscheidung und ihrer Überzeugungskraft bei Parteien und Öffentlichkeit[67]. Es läßt sich nicht leugnen, daß jedes Sondervotum die richterliche Auffassung personalisiert. Damit sind Gefahren auch dann verbunden, wenn es keine Wiederwahlmöglichkeit gibt, wie es für Bundesverfassungsrichter seit der Novelle von 1970 der Fall ist.

4. Die Funktionsgrenzen der Verfassungsgerichtsbarkeit

Durch Gegenstand und Wirkung ihrer Rechtsprechung und durch ihren besonderen Status ist die Verfassungsgerichtsbarkeit deutlicher als jede andere Gerichtsbarkeit mit ihren funktionellen Schranken konfrontiert. In besonderem Maße gilt dies bei der Normenüberprüfung mit der Funktion Rechtsetzung. Nun liegt es nahe, daß die im Rechtsstreit unterlegene Seite dem Gericht vorzuwerfen geneigt ist, es habe sich als „Obergesetzgeber", als „Überparlament", nicht als Gericht gebärdet, wenn es Gesetze, die doch von einer vom Volke gewählten Mehrheit beschlossen worden seien, für ungültig erklärt und gelegentlich sogar auch noch mit Detailanweisungen an die Parlamente nicht geize. Kritik dieser Art ist aber auch in der Wissenschaft zu hören. So hat unlängst in der Festschrift zum 25jährigen Jubiläum des Bundesverfassungsgerichts der ehemalige Bundesverfassungsrichter und Hamburger Ordinarius K. ZWEIGERT dem Bundesverfassungsgericht „eine Verschiebung seines Selbstverständnisses durch eine Usurpation von evidenten Aufgaben des Gesetzgebers"[68] vorgeworfen. Der Vorwurf wiegt schwer. Ist er berechtigt?

Zunächst ließe sich einwenden, daß er empirisch nicht im geringsten abgesichert ist: In 27 Jahren seines Wirkens hat das Bundesverfassungsgericht

[67] Ähnlich zurückhaltend die Einschätzung bei H. SPANNER, in: Festgabe W. Geiger, 1974, S. 891ff.; eher negativ F. K. FROMME, ebda, S. 867ff.; überwiegend positiv dagegen P. HÄBERLE, Verfassungsgerichtsbarkeit 1976, S. 31.

[68] Festgabe Bundesverfassungsgericht, Bd. I, 1976, S. 63 (74).

118 Gesetze ganz oder teilweise für nichtig erklärt[69] bei fast 3500 in der gleichen Zeit beschlossenen Bundesgesetzen, nicht eingerechnet also die Zahl des fortgeltenden „alten" Rechts und des Landesrechts. Indessen ist ein solch quantitativer Hinweis ähnlich simpel wie jede Antikritik, die lediglich mit ähnlich dramatischen Worten das Gegenteil von ZWEIGERTS Behauptung aufstellen würde. Es hülfe auch wenig, kontrastierende Stimmen zu zitieren, wie H. RIDDERS und A. ARNDTS frühere Klage, das Bundesverfassungsgericht übe gegenüber dem Gesetzgeber zu viel Zurückhaltung[70], und daraus zu folgern, das Gericht liege offenbar mit seiner Judikatur genau in der Mitte und gehe damit den sicheren Weg, den diese Position verheiße. Weder mit der einen noch mit der anderen Übertreibung ist diesem Problem beizukommen. Hier geht es um die Fundamentalfrage jeder Verfassungsgerichtsbarkeit. Ihre Lösung verfehlt man, wenn man sie in die Antithetik verpackt: unkontrollierte Justiz versus demokratischer Gesetzgeber[71]. Gerade diese Antithese will der Verfassungsstaat überwinden, dessen Logik weder in der Verabsolutierung der einen noch der anderen Gewalt besteht, sondern in der alleinigen Überordnung des Verfassungsrechts. Unter diesem Gesichtspunkt ist die Normenüberprüfungsbefugnis des Verfassungsgerichts prinzipiell richtig. Sie ist mit Recht vom Parlamentarischen Rat bejaht worden[72]. Im Grunde ist damit nur das für das Verfassungsrecht nachvollzogen worden, was O. BÄHR, jener große Vorkämpfer des Rechtsstaates, 1864 formuliert hat: „Recht und Gesetz können nur dann Bedeutung und Macht gewinnen, wenn sie einen Richterspruch zu ihrer Verwirklichung finden."[73] Außer bei Vertragsgesetzen[74] sollte Normenkontrolle allerdings nicht in einem Präventiv- oder in einem Gutachtenverfahren, was neuerdings wieder diskutiert wird[75], durchgeführt werden können. In solchen Fällen wäre sie weit stärker politisches Kampfmittel als nach dem gegebenen Rechtszustand der repressiven Kontrolle.

[69] Vgl. Woche im Parlament 1979, Ausgabe 2, S. 23. Mit Recht hat E. BENDA hervorgehoben, daß Kritik sich stets nur an einigen spektakulären Einzelfällen orientiere und die Gesamtheit der Entscheidungspraxis ignoriere, die ein anderes Bild zeige (DÖV 1979, 465ff. und anderwärts). Eine ausführliche Analyse von Gesetzgebungsmängeln hat BENDA jetzt in „Grundrechtswidrige Gesetze – Ein Beitrag zu den Ursachen verfassungsgerichtlicher Beanstandung", 1979, vorgelegt.

[70] Festschrift A. Arndt, 1969, S. 322; NJW 1960, 1608.

[71] So neuerdings wieder H. D. FANGMANN, Justiz gegen Demokratie, 1979.

[72] Anders H. HELLER, VVDStRL Heft 5 (1929), S. 112; C. SCHMITT, der sie als Verweigerung der Prämie des legalen Machtbesitzes sieht (Verfassungsrechtliche Aufsätze, aaO, S. 106, 288f.).

[73] Der Rechtsstaat (Neudruck 1961), S. 12.

[74] Vgl. BVerfGE 1, 396 (413) – EVG-Vertrag.; BVerfGE 35, 193 (195); BVerfGE 36, 1 (13).

[75] N. HOLZER, DÖV 1978, 821ff.; *ders.*, Präventive Normenkontrolle durch das Bundesverfassungsgericht, 1978; E. FRIESENHAHN, in: Cappenberger Gespräche Bd. 15, 1980, S. 73ff.; grundsätzlich dagegen J. RÜHMANN, DÖV 1979, 440.

Bei jeder Normenüberprüfung stehen im Zentrum der Kontrolle die Grenzen, die sich aus den jeweils zur Anwendung als Prüfungsmaßstab stehenden Verfassungsrechtssätzen ergeben. Deren Rechtsgehalt, und nur er, markiert die Funktionsgrenze eines jeden Verfassungsrichters. Es ist offenkundig, daß es unmöglich ist, hierfür allgemeine Maßstäbe aufzustellen. Sehr wahrscheinlich entziehen sie sich sogar jeder abstrakten und theoretischen Vorweg-Definition und können nur in einer schrittweise vorgehenden Entscheidungspraxis gewonnen werden. Kompetenznormen, etwa zwischen Bund und Ländern oder zwischen Verfassungsorganen untereinander, mögen engmaschiger gefaßt sein als plakativ formulierte Grundrechte, und diese wieder anders als weitmaschige generalklauselartige Staatsstruktur- und Staatszielbestimmungen. Zur Problemverdeutlichung genügt es, den Gleichheitssatz[76] oder das Sozialstaatspostulat[77] zu nennen und auf eine umfangreiche Literatur gegensätzlicher Meinungen über ihre Ausdeutung zu verweisen. Wenn man – die Grundsatzaussage im Auge behaltend – überprüft, ob die Verfassungsgerichte in ihren Normenkontrollentscheidungen die Verfassungsbindung gewahrt und sich damit eines Übergriffs in den gesetzgeberischen Funktionsraum enthalten haben, so möchte ich dies für die deutsche Verfassungsgerichtsbarkeit bejahen. Das Bundesverfassungsgericht, am stärksten im Schlaglicht der Kritik stehend, hat in seiner Argumentation durchweg am Maßstab der Verfassung und mit genuin juristischer Methode judiziert. Von politischer Eigenwertung hat es sich ferngehalten. Das heißt natürlich nicht, daß ich jedes Urteil und jedes Argument für kritikfrei erachte. Die Kritiker der Gegenwart allerdings müssen daran erinnert werden, daß die breite Grundrechtsentfaltung der fünfziger und sechziger Jahre im Apotheken-Urteil, Lüth-Urteil, Elfes-Urteil, Fernseh-Urteil usw. überschwenglich als freiheitsverbürgende Kontrolle des Gesetzgebers, als Ausdruck des „demokratischen Mißtrauens"[78] gefeiert wurde und es nur im Duktus dieser Rechtsprechung lag, wenn bei politisch anderer Parlamentskonstellation die Linie in gleicher Weise gegenüber Hochschulgesetzen, Abtreibungs- und Wehrdienstnovelle fortgesetzt wurde. War es ferner anfänglich das Rechts- oder Bundesstaatsprinzips, so wurde es später die Ausdeutung des Demokratieprinzips, die etwa die Wahlwerbung oder die überplanmäßigen Ausgaben der Regierung[79] in die Grenzen verwies. Stets war es ein Verfassungsrechtsprinzip, das jeweils dem Verfassungsorgan entgegengehalten wurde, das es durch sein Handeln verletzte, gleichgültig, wer Regierung oder Parlamentsmehrheit stellte. Naturgemäß ist es in der Regel

[76] G. Dürig, in: Maunz-Dürig-Herzog-Scholz, GG, Art. 3 Abs. 1, Rdnrn. 275ff. m. w. N.
[77] K. Stern, Staatsrecht, Bd. I, § 31 I 3 m. w. N.
[78] A. Arndt, BB 1959, 533.
[79] Vgl. BVerfGE 48, 271; 45, 1.

die Opposition, die das Verfassungsgericht anruft. Das Gericht dann als „Hilfsorgan der Opposition" zu bezeichnen, geht am Problem vorbei.

Lassen Sie mich auch hierzu etwas empirisches Material ausbreiten: Von den 118 ganz oder teilweise für nichtig erklärten Gesetzen gingen 65 Fälle auf Anträge von Gerichten zurück, nur 14 auf solche von Ländern und nur gar 4 auf Anträge von Parlamentsfraktionen oder politischen Parteien[80].

Um seine Funktionsgrenze nicht zu überschreiten, hat das Gericht zusätzlich Institute im Stile eines judicial self-restraint entwickelt, wobei es diesen der amerikanischen Verfassungsrechtsprechung entlehnten Grundsatz – Verfassungswidrigkeit nur bei speziellem Normverstoß oder evidenter Willkür – freilich eigenständig interpretiert[81]. Unter ihnen ragen hervor[82/83]:

Estens: Die verfassungskonforme Auslegung. Nach diesem Grundsatz ist ein Gesetz nicht für nichtig zu erklären, „wenn es im Einklang mit der Verfassung ausgelegt werden kann; denn es spricht nicht nur eine Vermutung dafür, daß ein Gesetz mit dem Grundgesetz vereinbar ist, sondern das in dieser Vermutung zum Ausdruck kommende Prinzip verlangt auch im Zweifel eine verfassungskonforme Auslegung des Gesetzes", wobei freilich der Gesetzeszweck nicht außer acht gelassen werden darf[84]. Dieser im übrigen einer alten Tradition der amerikanischen Verfassungsrechtsprechung[85] entnommene Grundsatz eines favor legis, einer Normerhaltung, wird von den Verfassungsgerichten vielfach angewandt, bisweilen in beinahe akrobatischer Weise, um nicht zu einer Ungültigkeitserklärung zu gelangen. Ich muß an

[80] Nachw. in FN 69.

[81] Vgl. BVerfGE 36, 1 (14). Ausführlich zu diesem Argumentationstopos F. A. v. d. Heydte, Festgabe W. Geiger, 1974, S. 909ff.; W.-R. Schenke, NJW 1979, S. 1324f.; R. Zuck, DVBl. 1979, 386f.

[82] Dazu gehört auch die insgesamt zurückhaltende Kontrolle der Fachgerichtsbarkeiten. Sie kann hier unerwähnt bleiben, weil es sich gewissermaßen um Kontrollen innerhalb der Dritten Gewalt handelt (vgl. BVerfGE 18, 85, 92; 30, 173, 187f., 196f.; 32, 311, 316; 42, 143, 148; zuletzt F. Ossenbühl, Festgabe H. P. Ipsen, 1977, S. 129ff.; G. F. Schuppert, AöR Bd. 103 (1978), S. 42ff. m. w. N.; R. Zuck, DVBl. 1979, 387f.).

[83] H.-J. Vogel zählt weitere Vorschläge zur Zurückhaltung auf (DÖV 1978, 667). Sie sind indessen vorzugsweise an einzelnen Entscheidungen orientiert. Verallgemeinerungsfähig dürfte selbst das Argument, sich von Detailfragen fernzuhalten, schwerlich sein. So gewiß Vogel im Hinblick auf das Diätenurteil (BVerfGE 40, 296ff.) zuzustimmen ist, so sehr muß auch betont werden, daß der Phantasie der Hochschulgesetzgeber mancher Länder keine Grenzen gesetzt sind, die Grundlinien des gewiß ausführlichen Hochschulurteils (BVerfGE 35, 79ff.) zu unterlaufen. Weitere Restraints nennt W. Zeidler, in: Cappenberger Gespräche, Bd. 15, 1980, S. 48ff.

[84] St.Rspr.; vgl. Zippelius, in: Festgabe Bundesverfassungsgericht, Bd. II, 1976, S. 111; H. Simon, EuGRZ 1974, 25ff.; W. R. Schenke, NJW 1979, 1325. Näher dazu K. Stern, Staatsrecht, Bd. II, § 44.

[85] Vgl. M. Imboden, in: Festgabe H. Huber, 1961, S. 133 (138).

dieser Stelle darauf verzichten, im einzelnen darzulegen, ob hier nicht des Guten zu viel an Deutungshilfe für den Gesetzgeber geleistet wurde.

Aufschluß dürfte in dieser Hinsicht vielleicht auch die Anrufung des Plenums des Gerichts durch den Ersten Senat nach dem Beschluß vom 16. 1. 1979 geben, erst der zweiten übrigens in der Geschichte des Bundesverfassungsgerichts[86].

Zweitens: Im Bereich der Auswärtigen Gewalt hat das Bundesverfassungsgericht frühzeitig einen favor conventionis anerkannt, der völkerrechtlichen Verträgen einen Bonus der Gültigkeit zubilligt, wenn sie eine Tendenz zur Annäherung an den verfassungsgewollten Zustand aufweisen. Bereits im Saarvertrags-Urteil findet sich die Aussage: „Wird der Inhalt völkerrechtlicher Verträge vom Verfassungsgerichtshof auf seine Verfassungsmäßigkeit geprüft, so sind Auslegungsmöglichkeiten, die bei den in solchen Verträgen oft verwandten vagen und mehrdeutigen Formulierungen an sich denkbar wären, außer Betracht zu lassen, falls sie fernliegen. Es wäre nicht vertretbar, einen Vertrag für unvereinbar mit dem Grundgesetz zu erklären, weil bei einer fernliegenden Auslegung das Grundgesetz in der Tat verletzt wäre. Es muß grundsätzlich davon ausgegangen werden, daß die politischen Organe der Bundesrepublik Deutschland, die am Zustandekommen eines völkerrechtlichen Vertrages beteiligt waren, nicht grundgesetzwidrige Bindungen haben eingehen wollen, daß sie vielmehr die Vereinbarkeit mit dem Grundgesetz geprüft haben und auch weiter auf eine grundgesetzmäßige Auslegung und Anwendung des Vertrages achten werden. Solange und soweit die Auslegung offen ist, muß deshalb unter verschiedenen in Betracht kommenden Auslegungsmöglichkeiten derjenigen der Vorzug gegeben werden, bei der der Vertrag vor dem Grundgesetz bestehen kann."[87] Die spätere Rechtsprechung setzte diese Prüfungslinie fort und betonte im Grundlagenvertragsurteil sogar ausdrücklich, daß bei der Verfassungsmäßigkeitsprüfung der „Spielraum für die politische Gestaltung ... nicht außer Betracht bleiben darf"[88]. Man hat dem Gericht im Hinblick auf diese Rechtsprechung in gleicher Weise wie bei der zum Recht der Europäischen Gemeinschaften und zu den Berliner Sachen, in denen ebenfalls außerordentlich intrikate internationale Implikationen eine Rolle spielten, bescheinigt, „die juristische wie die politische Feuerprobe" bestanden zu haben[89]. Nicht jeder Politiker wird dieses Urteil teilen. Doch

[86] BVerfGE 4, 27ff.

[87] BVerfGE 4, 157 (168). Näher dazu F. SCHUPPERT, Die verfassungsrechtliche Kontrolle der auswärtigen Gewalt, 1973; F.-CHR. ZEITLER, Verfassungsgericht und völkerrechtlicher Vertrag, 1974.

[88] BVerfGE 36, 1 (14); s. auch BVerfGE 40, 141 (178f.) – Ostverträge.

[89] K. A. BETTERMANN, Festgabe Bundesverfassungsgericht, Bd. I, 1976, S. 323 (344).

wissenschaftliche Objektivität wird dem Bundesverfassungsgericht eine wohl abgewogene Rechtsprechung attestieren, die den politischen Organen zuerkennt, was ihnen im Verkehr mit anderen Staaten notwendigerweise zukommen muß, ohne die Gebote verfassungsrechtlicher Bindung zu negieren. Eine Ausnahmeklausel der verfassungsrechtlichen Überprüfung für internationale Verträge nach Art von Art. 109 des Entwurfs einer neuen Schweizer Bundesverfassung scheint mir daher nicht angebracht zu sein, um so mehr als mit der zunehmenden Interdependenz der Staaten dem zwischenstaatlichen Recht starke nationale Regierungskraft zukommen wird. Am Rande sei außerdem erwähnt, daß das Recht der Europäischen Gemeinschaften sich ebenfalls für eine umfassende Gerichtskontrolle ausgesprochen hat (Art. 173 EWGV). Insofern hat sich die deutsche jurisdiktionelle Grundkonzeption gegen die damalige engere französisch-englische durchgesetzt.

Drittens: Das Bundesverfassungsgericht hat nicht mehr in allen Fällen verfassungswridriger Gesetze deren ipso-iure-Nichtigkeit festgestellt, sondern eine bloße Verfassungswridrigerklärung ausgesprochen, teilweise sogar mit der Anordnung befristeter Fortgeltung, sich also gewissermaßen der österreichischen Lösung angenähert. Dies war unzweifelhaft in den Fällen geboten, in denen es der Gesetzgeber unterlassen hatte, den Gleichheitssatz zu beachten, und eine bestimmte Gruppe in rechtswidriger Weise unbegünstigt ließ. In solchen Fällen durfte das Gesetz nicht insgesamt für nichtig erklärt werden. In weiteren Fällen lag das Motiv vor allem darin, daß es eine unerträgliche Rechtsunsicherheit bedeutet hätte, eine gesetzliche Regelung für nichtig zu erklären mit der Konsequenz, daß an deren Stelle ein Nichts getreten wäre. Man denke an Steuergesetze! Daraus ergaben sich dann die sog. Appellentscheidungen an den Gesetzgeber[90], nicht selten mit Anweisungen, wie legiferiert werden soll. Ich halte diese Rechtsprechung nicht immer für überzeugend. Sie erweckt namentlich dann Bedenken, wenn sie versucht, an Hand eines konkreten Falles „ein ganzes Rechtsgebiet zu bereinigen“[91], wie dies etwa im Diätenurteil geschehen ist[92], das sich allerdings ein saumseliges, mehrfach gemahntes Parlament selbst zuzuschreiben hatte. Eine solche rechtsweisende Rechtsprechung ist nicht selten geeignet, den gesetzgeberischen Spielraum zu begrenzen, wobei freilich nicht verkannt werden darf, daß der Gesetzgeber mehr und mehr dazu neigt, dem Bundesverfassungsgericht Entscheidungen zuzuschieben, für die er selbst gefordert ist. Dies ist das

[90] Vgl. BVerfGE 15, 337; 16, 130; 25, 1; 40, 296; Chr. Moench, Verfassungswidriges Gesetz und Normenkontrolle, 1977; H.-R. Horn, DÖV 1980, 84ff.

[91] R. Eckertz, Der Staat Bd. 17 (1978), S. 203.

[92] Vgl. BVerfGE 40, 296ff.

Problem, das es anzupacken gilt – nicht aber die Verfassungsgerichtsbarkeit neu zu konstruieren[93].

Der Katalog selbst gewählter Zurückhaltung ist möglicherweise vermehrungsfähig, etwa um die Anerkennung eines nur eingeschränkt kontrollierbaren Prognosespielraums[94], freilich kompensiert mit der Aufforderung an den Gesetzgeber zur Korrektur bei Eintreten von Fehlentwicklungen[95]. Insoweit hat sich m. E. aber noch keine gefestigte Judikatur entwickelt, so daß ich hier noch Zurückhaltung zu üben geneigt bin.

Schließlich gibt es ernst zu nehmende Stimmen, die den Verfassungsgerichten darüber hinaus raten, im Konflikt mit den politischen Organen, namentlich dem Gesetzgeber, die amerikanische political-question-Doktrin zu übernehmen, d. h. in Fragen, die sich in einer qualifizierten Weise als solche politischer Natur erweisen, eine Sachentscheidung abzulehnen, also Nicht-Justiziabilität anzunehmen. Zwei Aspekte lassen diesem Vorschlag widerraten:

Einmal: Wer immer es unternimmt, die political-question-Doktrin des Supreme-Court zu analysieren und für sie eine allgemeine, nicht am konkreten Fall orientierte, übertragungsfähige Maxime zu finden, wird enttäuscht sein. Amerikanische und deutschsprachige Untersuchungen sind sich einig, daß diese Doktrin keine einheitliche Linie erkennen läßt[96].

Sie beruht insgesamt weniger auf wissenschaftlicher Analyse als auf praktischer Handhabung, wie so vieles in der amerikanischen Verfassungsdogmatik. Es ist überspitzt, aber dennoch nicht unzutreffend, wenn man feststellt, daß der Supreme Court eine political question annimmt, wenn er nicht entscheiden will, und eine solche verneint, wenn er entscheiden will. Dann aber ist es gerade in höchstem Maße ein Politikum und keine Rechtsfrage mehr, ob eine political question angenommen wird oder nicht. Die Verfechter einer Rezeption dieses Grundsatzes würden geradezu einer Politisierung der Recht-

93 Wie R. Zuck meint, ZRP 1978, 195 und DVBl. 1979, 383ff., ohne daß bestritten wird, daß manches überprüfungsbedürftig ist. Zu Recht hat die Enquête-Kommission Verfassungsreform sehr zurückhaltend nur Fragestellungen formuliert (Zur Sache 2/77 Kap. 16).

94 Vgl. F. Ossenbühl, Festgabe Bundesverfassungsgericht, Bd. I, 1976, S. 458ff.; R. Breuer, Der Staat Bd. 16 (1977), S. 21ff.

95 BVerfGE 50, 290ff.

96 Vgl. Laurence H. Tribe, American Constitutional, 1978, S. 21ff.: „Political question doctrine is in a state of some confusion“; *ebda* zahlreiche Nachweise; s. a. W. Haller, Supreme Court und Politik in den USA, 1972, S. 353; ferner W. R. Schenke, NJW 1979, 1325 m. w. N.; E. Petersmann, JöR n. F. Fd. 25 (1976), S. 587ff.; R. Weber-Fas spricht von einer „labyrinthischen Formel“ (Grundrechtsverständnis und Normenkontrolle – Hans Spanner zum 70. Geburtstag, 1979, S. 89). Das Bundesverfassungsgericht im Lichte eines Amerikaners ist betrachtet bei Donald P. Kommers, Judical Politics in West-Germany: A Study of the Federal Constitutional Court, London 1976.

sprechung und einem unberechenbaren Dezisionismus das Wort reden. Nicht wenige dissenting votes, die dem Verfassungsgericht zu viel Kontrolle der Politik vorwerfen, übersehen, daß es ebenfalls politisch verstanden werden muß, nicht zu kontrollieren, da dann automatisch der Handelnde Recht bekommt. Das verhält sich ähnlich wie bei Talleyrands Definition von Intervention, die ungefähr das Gleiche sei wie Nicht-Intervention.

Zum Zweiten: Die Political-question-Doktrin kann mit dem positiven deutschen Verfassungsrecht nicht in Einklang gebracht werden. Der Verfassungsrichter hat stets zu prüfen: Gibt es für die ihm unterbreitete Frage eine Rechtsnorm, in der Regel in der Verfassung? Ist diese Frage zu bejahen, so *muß* er die Rechtsnorm anwenden. Er darf seine Gerichtsbarkeit nicht verneinen, weil die Frage „hochpolitisch" sei, oder besser von politischen Instanzen entschieden würde oder er für eine Entscheidung keine Verantwortung übernehmen möchte. All dies wäre Justizverweigerung. Nur ein fehlender normativer Maßstab berechtigt dazu, politisches Handeln, so wie geschehen, als nicht im Widerspruch zur Verfassung zu erklären. Daß die Weite der verfassungsrechtlichen Prüfungsnorm die gerichtliche Kontrolldichte oft schwierig gestaltet, ist das Problem der kontinentaleuropäischen Rechtsprechungsdoktrin. Sie kann hier nicht im Detail ausgebreitet werden, weil sie eine umfassende Analyse des Bedeutungs- und Kontrollgehalts der einzelnen Verfassungsrechtsnormen verlangte. Diese Aufgabe zu leisten, bei der Wissenschaft und Rechtsprechung gleichermaßen gefordert sind, wird über die Verfassungsgerichtsbarkeit entscheiden und damit über Erfolg oder Mißerfolg der Nachkriegsentscheidung, ein Gericht als Hüter des höchsten Rechts zu etablieren.

IV. Der Autoritätsverlust von Parlament und Regierung

Die Antwort auf solch breit gefächerte Problemstellung darf nicht ohne eine gleichsam am Gegenpol ansetzende Erkenntnis gegeben werden. Parlament und Regierung sind in der Rückschau der Nachkriegsperiode nicht ohne Autoritätsverlust geblieben. Er ist in den 70er Jahren spürbarer geworden. Bürgerinitiativen, neue politische Gruppierungen neben den etablierten Parteien sowie der Ruf nach Volksbegehren und Volksentscheid sind nur die lautesten Signale für die Legitimitätszweifel am parlamentarischen Regierungssystem und seiner wichtigsten Äußerungsform, dem förmlichen Gesetz. Die Redimensionierung der Gesetzesflut ist heute als ein Problem von Rang erkannt worden. Diese Aufgabe bedingt einerseits vor jeder Initiative die Prüfung, ob wirklich ein Gesetz notwendig ist und andererseits im Gesetzgebungsverfahren eine sorgfältige Prüfung jeder einzelnen Vorschrift nach Erforderlichkeit, Klarheit und Präzision im Ausdruck. Qualitätsmängel unserer Legislative sind mittlerweile evident[97]. Verfassungsgerichte müssen hier leider und notgedrungen eine nicht erbetene Besserungsfunktion wahrnehmen. Noch stärker kommt es aber darauf an, das parlamentarische System, das im Kern die bei weitem beste Regierungsform eines freiheitlichen Rechtsstaates ist, zu kräftigen. Diese Kräftigung könnte und sollte aus sich selbst erfolgen. Dies verlangt unseren politischen Parteien notwendige Regenerationsakte ab. Um es auf eine gewiß vereinfachende, aber doch von weiten Teilen der Bevölkerung artikulierte Formel zu bringen: Weniger Beschäftigung mit sich, sondern mehr Gedanken an das Gemeinwohl. Ließ sich nicht oft genug eine Regierung aus ideologischen oder parteitaktischem Kalkül vom richtigen Weg abbringen? Ließ sie sich nicht vielleicht bisweilen sogar ganz gern von einem Verfassungsgericht auf den Pfad der Tugend zurückbringen? Die Fragen signalisieren Autoritätsverlust und Vertrauensschwund sowie Führungsdefizit gegenüber den Fundamentalfragen der Nation. In dieser Situation kann ein Verfassungsgericht Hilfestellung bieten; doch muß man auch die dadurch auftretenden Gefahren einer Überforderung des Gerichts sehen. Vom Verfassungsgericht geliehene Autorität bleibt fremde Autorität. Sie sollte nicht zu häufig gesucht, sondern nur in Anspruch genommen werden, wenn es ihrer als des allein noch gangbaren Wegs zur Rechtswahrung bedarf. Die politischen Organe sollten für ihre Entscheidungen, namentlich solche von grundsätzlicher Bedeutung, nicht jene Gratwanderung am Rande der Verfassung vornehmen und der Neigung huldigen zu testen, ob diese oder jene Lösung gerade noch mit der Verfassung vereinbar ist. Solche Politik rüttelt am unentbehrlichen Grundkonsens in Verfassungsfragen, der für die Rechtsgemeinschaft eine Existenzfrage ist. Sie fordert das Verfassungsgericht als permanenten Schiedsrichter heraus und gefährdet seine Rolle als Integrationsfaktor, als Bewahrer des verfassungsrechtlichen Grundkonsenses über den aktuellen politischen Streit hinaus. Darin liegt seine höchste Bedeutung[98]. Mit ihr gilt es pfleglich

[97] Vgl. dazu K. EICHENBERGER u. a., Grundfragen der Rechtsetzung, 1978; Probleme der Rechtsetzung, Referate zum Schw. Juristentag, 1974; P. SCHWERDTFEGER, in: Festgabe H. P. Ipsen, 1977, S. 173ff. (175ff.); H. H. RUPP, Zweikammersystem und Bundesverfassungsgericht, Ordo Bd. 30 (1979), S. 95ff.

[98] Vgl. H. KELSEN, VVDStRL Heft 5 (1929), S. 84; wieder betont von U. SCHEUNER, Bundesverfassungsgericht im dritten Jahrzehnt, 1973, S. 34; W. R. SCHENKE, Die Verfassungsorgantreue, 1977, S. 115ff.; H. SÄCKER, BayVBl. 1979, 193 (200). Das konzedieren auch diejenigen, die der Verfassungsgerichtsbarkeit eher skeptisch gegenüberstehen (vgl. E. DENNINGER, Staatsrecht 2, 1979, S. 200).

Meinungsumfragen bescheinigen dem Verfassungsgericht eine hohe Wertschätzung. Der Supreme Court der USA genießt zweimal so viel Ansehen wie irgendein anderes Staatsorgan (vgl. H. SEIBERT, EuGRZ 1978, 388).

umzugehen, da uns Deutschen zu genau vertraut ist, was es heißt, das Bewußtsein für das Recht und seine Bewahrung zu verlieren. In der Verfassungsgerichtsbarkeit geht es um die existentielle Frage: Was ist das Lebenselixier des Staates: Macht oder Recht? In diesem Sinne war es in der Geschichte der Staaten stets schwieriger, Macht dem Recht zu beugen als Recht der Macht[99].

[99] Dieser Vortrag greift Überlegungen auf, deren Grundgedanken ich bereits früher vorgetragen habe, erstmals in meinem Habilitationsvortrag vor der Juristischen Fakultät der Universität München im Sommer 1961, zuletzt an der Universität Passau und vor der Juristischen Studiengesellschaft Hannover.

Diskussion

Herr Scheuner: Ich möchte meine Bemerkungen zu dem formvollendeten Vortrag, dem ich in seinen Grundzügen durchaus zustimme, an drei Punkten orientieren: An der Frage Recht und Politik, an dem Begriff der Verfassung und dem des Rechtsstaates.

Eine der Gefahren der Betrachtung richterlicher Wirksamkeit liegt in einer Gegenüberstellung von Recht und Macht. Wird aber eine solche Behandlung des Themas spannungsreicher Relation von Recht und Macht gerecht? Daß Recht ohne Macht keine Kraft besitzt und Macht ohne Recht keine Legitimation, daß beide aufeinander angewiesen sind, mag betont sein; sie können daher einander nicht in der Weise gegenübergestellt werden, daß der Richter das Recht und die Politiker die Macht vertreten. Das zeigt sich klar, wenn wir in der Geschichte sehen, daß der Herrscher ursprünglich auch Richter ist, und erst langsam der Richter sich vom Herrscher gesondert hat, dem noch das Mittelalter gerade das Richten als höchste Aufgabe zuweist. Hier war deutlich, daß nur der Recht sprechen kann, der auch mit Macht begabt ist. In der Tat, würde ein Richter ohne Ermächtigung durch die Staatsmacht Urteile erlassen, wären sie ohne Kraft, rechtliche Gutachten. Darum nimmt auch das Verfassungsgericht an der Machtausübung teil.

Diese Erkenntnis zeigt, wie unrichtig es war, wenn Carl Schmitt Justiz und Politik einander gegenüberstellte. Der Richter ist nicht etwas Unpolitisches in diesem Sinne, sondern gerade dort, wo er Entscheidungen im Verfassungsrecht trifft, trifft er – wenngleich er in der Methode richterlicher Motivierung folgt – Entscheidungen, die sich auf die Weiterentwicklung der Verfassung auswirken. Diese Situation kann man nicht durch die Vorstellung, der Richter setze hier das Recht über die Macht, auflösen. Die Verflechtung beider Seiten ist hier feiner. Das bedeutet, daß das Verfassungsgericht – das hat Leibholtz in seinem Statusbericht vielleicht geahnt – in der Tat in der Ausdehnung seiner Befugnisse, die das Grundgesetz begründet, ein Stück der politischen Verfassung darstellt. Es ist wohl nicht der sénat conservateur, den Sieyès in der französischen Verfassung vorsah, es ist gewiß nicht eine dritte Kammer, kein Antigesetzgeber, aber es ist ein Stück der Verfassungskonstruktion.

Lassen Sie mich das deutlicher machen, indem ich auf die zweite Frage komme. Was ist Verfassung? Herr Stern hat völlig zu Recht betont, daß sich das Gericht an der Verfassung orientiert. Das unterscheidet es vom Gesetzgeber. Würde es keine Verfassung geben, wie in England, so könnte der Gesetzgeber als Souverän frei verfügen. Der alte Spruch, daß das englische Parlament alles könne, nur nicht aus einem Mann eine Frau machen, trifft auf den an eine Verfassung gebundenen Gesetzgeber nicht mehr in vollem Umfang zu.

Eine Verfassung ist ihrer Entstehung nach entweder ein Kompromiß zwischen politischen Kräften – das gilt für die Weimarer Verfassung wie für das Grundgesetz – oder Ausdruck eines überwältigenden Sieges einer Richtung. Das letztere konnte von der Verfassung von 1871 in gewissem Umfang gelten. Verfassung kann aber auch als Vertrag, wie in der älteren ständischen Auffassung, betrachtet werden. In jedem Fall ist die Verfassung Ergebnis einer politischen Konstellation, weil sie bestimmte Werte festlegt, eine bestimmte Organisation aufrichtet, ganz bestimmte Ziele setzt. Eine Verfassung kann also nicht als Ausdruck des Rechts gegenüber der Politik ausgespielt werden. Sie ist festgelegte, auf die Zukunft bezogene Politik, die rechtlich verbindlich gemacht wurde. Hier zeigt sich eine besondere Problematik. Wie weit legt die Verfassung die Zukunft fest? Läßt sie genügend Spielraum für eine Innovation? Sie kann aber auch so gestaltet sein, daß sie innovationshemmend ist. So werfen manche Kritiker der schweizerischen Verfassung vor, sie stehe Neuerungen entgegen. Merkwürdigerweise wirkt eine heute bei uns oft geforderte Einrichtung hier in dieser Richtung, der Volksentscheid. Die vorsichtige und vernünftige Bevölkerung der Schweiz pflegt Neuerungen eher abzulehnen. Es kommt hinzu, daß die Schweiz nicht nach dem Muster des parlamentarischen Regimes regiert wird, sondern durch ein Zusammenwirken der verschiedenen Gruppen, und daß Rücksicht auf Sprachen, Konfessionen und Parteien in dieser Mehrparteienregierung den Zug konservativer Vorsicht bestärkt.

Man muß also erkennen, daß Verfassungsrecht eine historische Festlegung, aber keine absolute Satzung darstellt. Unsere deutsche Staatsrechtslehre hat die Verfassung, da sie den Staat nicht mehr recht ins Auge faßt, zum Ausgangspunkt ihrer Überlegungen erhoben und damit überhöht. Sie ist zur Verfassungslehre geworden und neigt dazu, die Verfassung wie der Theologe die Bibel zur höchsten Autorität zu erheben, eine Auffassung, die naturgemäß das Problem der Verfassungsgerichtsbarkeit in seiner politischen Funktion verdeckt, das Herr Stern ganz richtig behandelt hat. Die Verfassungsgerichtsbarkeit ist nämlich ein Stück Gewähr der Verfassung. Ein Problem der Verfassung ist ihr Bestand. Niemand garantiert eine Verfassung. Sie muß sich selbst Dauer verleihen, es sei denn, sie wäre von außen her garantiert. Es ist eine Seite unserer deutschen Verfassung, daß wir in einem gewissen Sinne in einer solchen Garantie stecken. Aber davon abgesehen, ein Verfassungsgericht ist – das hat schon das 19. Jahrhundert gesehen – ein Stück Gewährleistung der Verfassung.

Man kann also die Funktion des Verfassungsgerichts nicht genügend damit kennzeichnen, daß man es als Krönung des Rechtsstaats bezeichnet. Das ist eine unpolitische Sicht. Sie geht von jener Gegenüberstellung von Macht und Recht aus, die in der deutschen Rechtsstaatsauffassung eine alte Tradition hat. Man meint, eine Hemmung des Staates sichere das Recht. Das kann eine Fehlauffassung sein. Ein gehemmter Staat kann ein schwacher Staat werden, und seine Verfassung kann das Schicksal des Weimarer Regimes erleiden. Der Gedanke des Rechtsstaates trägt eigentlich nur einen Teil der Verfassungsgerichtsbarkeit, vor allem die Verfassungsbeschwerde, die das Individualinteresse schützt. Der Gedanke gilt aber nicht für die Normenkontrolle in erster Linie. Sie drückt, das hat Herr Stern richtig ausgesprochen, Mißtrauen gegen den Gesetzgeber aus. Sie ist der Versuch, den Gesetzgeber an eine höhere Norm, an den Grundkonsens oder Grundvertrag zu binden. Sie ist damit auch der Schutz der Opposition, wie Herr Stern richtig hervorgehoben hat. Wenn man sich diese Gesichtspunkte vergegenwärtigt, so wird deutlich, daß die Verfassungsgerichtsbarkeit eine delikate politische und verfassungsrechtliche Aufgabe hat. Mit der Ausdehnung, die man ihr in der Bundesrepublik Deutschland gegeben hat, ist sie ein Stück der politischen Verfassungsstruktur.

In ähnlicher Form existiert sie eigentlich nur noch in den Vereinigten Staaten, und hier begrenzt im wesentlichen auf die Wahrung der Grundrechte – selten andere Verfassungsgrundlagen wie insbesondere das föderale Prinzip –, und in der Schweiz. Sie ist in der Schweiz aus dem bundesstaatlichen Gefüge, dem Vorrang der in der eidgenössischen Verfassung gegebenen Grundrechte, hervorgegangen. Man kann noch auf Italien und Österreich hinweisen, in anderen zahlreichen Ländern sind Einrichtungen der Verfassungsgerichtsbarkeit auch gegeben, aber mit begrenzterem Auftrag.

Ich möchte zum Schluß hervorheben, daß ich dem Vortrag ganz darin zustimme, wie er gezeigt hat, daß das Gericht politische Fragen rechtlich entscheidet. Es ist entscheidend zu erkennen, daß auch im Verfassungsrecht Fragen rechtlich entschieden werden. Das war der Irrtum von Carl Schmitt, daß er meinte, im Verfassungsrecht könne nur politisch, durch die Macht entschieden werden. Auch im Verfassungsrecht liegen den entscheidenden Organen rechtliche Bindungen auf. Aber sie sind locker und weitmaschig und verlangen ein hohes Maß gestaltender Interpretation, deren Maßstab rechtlich kontrolliert wird durch die Methode der Urteilsfindung und Urteilsbegründung.

Dennoch stellen die Entscheidungen des Verfassungsgerichts, da ihre Argumentation politische Gesichtspunkte aufnehmen muß, ein Stück Verfassungsstruktur dar, nicht im Sinne einer dritten Kammer, aber im Sinne einer Gewähr der Verfassung, die durch Fortbildung ihre Kontinuität erhält. In dieser Hinsicht hat das Bundesverfassungsgericht, von dem kürzlich der 50. Band der Entscheidungen erschien, Großes bewirkt, was volle Anerkennung verdient.

Herr Stern: Herr Scheuner, wenn ich kurz ein paar Bemerkungen zu Ihren Ausführungen mache, dann zunächst zum ersten Punkt Macht und Recht. Ich glaube, daß die Unterschiede zwischen uns nur in geringfügigen Nuancen bestehen. Wenn Sie das, was ich noch unter dem Strich geschrieben habe, einmal sehen, merken Sie, daß die Standpunkte fast überhaupt nicht auseinandergehen.

Was mich eigentlich bewogen hat, mich zu Wort zu melden, waren Ihre Ausführungen zur Verfassung und ihrer Garantie. Sie sagten, daß unsere Verfassung gewissermaßen nur eine äußere Garantie habe, die sie durch die Umstände benötige, in die unser Staat hineingestellt sei.

Herr Scheuner: Nein, das habe ich nicht gesagt; so nicht.

Herr Stern: In der Kürze habe ich es so verstanden.

Ich meine aber, daß diese äußere Garantie in den dreißig Jahren Leben unserer Verfassung doch weggefallen ist. Sie lebt und ist in sich stabilisiert, und dazu trägt die Verfassungsgerichtsbarkeit ein gutes Stück bei.

Mein Verständnis des Rechtsstaates – ich habe das an anderer Stelle gesagt – ist natürlich das des materiellen Rechtsstaates mit den werthaften Anreicherungen usw. Von daher glaube ich, daß es einfach notwendig ist, daß die Verfassungsgerichtsbarkeit ein Stück fortführender Verfassungsgebung, zumindest Verfassungskonkretisation ist.

Ich teile Ihre Auffassung, daß diese Verfassungsgerichtsbarkeit gewissermaßen in die politische Verfassung mit einbezogen worden ist. Ich habe gesagt, daß die rechtsprechende Institution damit ein Stück echter „pouvoir" geworden ist. Wir sind hier voll und ganz der gleichen Meinung. – Danke schön.

Herr Schieder: Herr Stern, Sie haben eingangs auf die Tradition der Verfassungsgerichtsbarkeit in der deutschen Geschichte hingewiesen. Es läßt sich fragen, ob eine solche überhaupt besteht.

Im alten Heiligen Römischen Reich ist die Verfassungsgerichtsbarkeit sehr viel stärker vertreten als man das allgemein weiß. Das geht sogar, meine ich, bis zu dem Institut der Verfassungsbeschwerde des einzelnen. Es sind damals Urteile gefällt worden, die sich zwar nicht gegen die Souveräne der größeren Territorialstaaten richteten, aber doch gegen kleinere Fürsten, deren Gehalt und Bedeutung im allgemeinen ganz unbekannt sind.

Ich glaube aber nicht, daß von dort eine Tradition begründet wurde; denn selbst das, was dann im Deutschen Bund noch übrigbleibt oder im Kaiserreich, hat damit nichts mehr zu tun.

Was ist aber als Tradition richterlicher Entscheidungen über politische Konflikte bestehen geblieben? Wohl hauptsächlich alles das, was mit der föderalistischen Struktur zusammenhängt. Es sind die Probleme der Mehrstaatlichkeit unter einer Gesamtmacht. Selbst im Deutschen Bund hat das eine ganz erhebliche Rolle gespielt. Das war das eine.

Das zweite Problem ist: Sie haben meines Erachtens mit Recht auf die political-question-Theorie in der amerikanischen Politik und auf die daraus entstehenden Konsequenzen hingewiesen. Hier ist die Zurückweisung einer Frage als political question schon eine politische Entscheidung, womit dem Gesetzgeber oder auch dem Präsidenten Recht gegeben wird. Eine Übertragung dieser Regelung auf deutsche Verhältnisse empfiehlt sich daher nicht. Ich möchte allerdings nicht verhehlen, daß ich gewisse Einschränkungen hinsichtlich der Möglichkeit machen möchte, politische Entscheidungen einer rein rechtlichen Kontrolle zu unterwerfen.

Als ich 1976 bei einem Jubiläum des Bundesverfassungsgerichts sozusagen als einziger Nichtjurist den Vortrag zu halten hatte, war ich mir der prekären Situation sehr bewußt. Ich bin es heute vielleicht sogar etwas mehr; denn es ist vor allem auf dem Gebiet der außenpolitischen Verträge doch eine solche Vorhand der politischen Exekutive gegeben, daß jede negative Entscheidung, etwa die Vernichtung eines Gesetzes über irgendein außenpolitisches Problem, sofort internationale Konsequenzen hat. Diese Vorhand der politischen Exekutive läßt sich nicht irgendwie reduzieren.

In der deutschen Politik ist so gut wie jeder entscheidende Vertrag über die deutsche Frage aus irgendwelchen Gründen vor das Verfassungsgericht gekommen. Ich glaube, das gilt für ziemlich alle.

Es hat auch Fälle gegeben, wo die Entscheidungen, so möchte ich einmal sagen, etwas gezwungen wirken, so beispielsweise das Urteil über den Saarvertrag. Der Saarvertrag sei mit dem Grundgesetz vereinbar, weil die neue Lösung näher beim Grundgesetz liege. So war es doch? – –

Herr Stern: Ja, das ist genau die wörtliche Formulierung.

Herr Schieder: Das ist doch meines Erachtens etwas problematisch; denn es ist in der Tat eigentlich so gewesen, daß der Saarvertrag eine politische Entscheidung, wie die Volksabstimmung, das Plebiszit, noch zuließ. Das ist dann wider Erwarten – kann man beinahe sagen – zugunsten der Bundesrepublik ausgegangen. Aber was wäre geschehen, wenn das Verfassungsgericht nicht zu dieser Interpretation gekommen wäre, sondern erklärt hätte: Dieser Vertrag widerspricht dem Grundgesetz und der Theorie, daß das Grundgesetz nicht die Fortsetzung des Reiches usw. sei? Das will ich jetzt einmal offenlassen.

Ein zweiter Fall, bei dem eine Problematik auftaucht, die auch außenpolitische Konsequenzen hat, ist der Versuch des Bundesverfassungsgerichts, die getroffenen Entscheidungen der Exekutive nicht allein einer kritischen Prüfung zu unterstellen, sondern auch schon gewisse Obligationen für die Zukunft aufzurichten. So wurde in dem Urteil über den Grundvertrag mit der DDR eine Auslegung vorgenommen, die in die Zukunft wirkt.

Es stellt sich die Frage, ob das noch vereinbar mit den Grundprinzipien ist, auf denen die Verfassungsgerichtsbarkeit beruht. Das möchte ich einmal als Frage stellen.

Herr Stern: Vielen Dank, Herr Schieder.

Ich habe natürlich Ihre und Herrn Kollegen Scheuners Bemerkungen zur Geschichte der Verfassungsgerichtsbarkeit beim Karlsruher Jubiläum und in der Festschrift ausführlich durchgelesen und auch meine eigenen Studien auf diesem Feld betrieben.

Verfassungsbeschwerde, etwa die bayerische Verfassungsbeschwerde, in der Landesgerichtsbarkeit als früheste Institution. Hier meine ich, daß gewissermaßen ein Bruch etwa zu Beginn des 19., ausgehenden 18. Jahrhunderts, also mit dem Untergang des alten Reiches, eingetreten ist, das heißt die Gerichtsbarkeit – Herr Scheuner hat auf die iurisdictio als die Keimzelle aller staatlichen Gewalt hingewiesen – ist von anderer Qualität geworden.

Daher meine ich, daß man dann auch einen neuen Ansatz wählen muß. Ich habe also nicht gesagt – und da würde ich mißverstanden sein –, daß wir eine Tradition der alten Gerichtsbarkeit bis zu den heutigen Verfassungsgerichten fortführen können, sondern es ist durchaus ein Einschnitt mit dem beginnenden 19. Jahrhundert eingetreten. Die Verfassungsgerichtsbarkeit mußte gewissermaßen erst einen neuen Anlauf nehmen, in den Ländern früher, im Reich sehr viel später. Österreich und die Schweiz haben sie früher eingeführt.

Die föderalistische Komponente, die hierzu beigetragen hat – das habe ich betont –, ist sicher eine der wichtigsten neueren Quellen für das Entstehen der Verfassungsgerichtsbarkeit.

Political-question-Doktrin: Sie haben sie in die Richtung der auswärtigen Gewalt angewendet. Ich möchte dazu folgendes sagen: Es wäre vielleicht besser gewesen, wenn man klar herausgestellt hätte, daß die auswärtige Gewalt von allen Teiläußerungen – jetzt materiell verstanden – der Staatsgewalt am wenigsten durch die Verfassung gebunden ist. Wir haben hier nur ganz wenige echte Verfassungsnormen, die eine Bindung darstellen, so zum Beispiel das Verbot des Angriffskrieges oder das Wiedervereinigungsgebot. Das sind vielleicht die beiden einzigen besonders starken und durchaus justiziabel zu handhabenden Kontrollfaktoren.

Ich würde da, wenn ich Herrn Gollwitzers schönes Wort aus seiner Antwortrede zu seiner Einführung aufgreifen darf, sagen, daß hier auch der Satz gilt: Heinrich, sag mir, wie hälst Du es mit der Verfassung?

Es scheint mir wesentlich, Herr Schieder, daß hier eine Präventivkontrolle anerkannt ist, das heißt der Vertrag kann kontrolliert werden, bevor er durch das Gesetzgebungsorgan ratifiziert ist. Das ist der entscheidende Punkt, um völkerrechtliche Verwicklungen zu vermeiden.

Ihr dritter Punkt, den Grundlagenvertrag betreffend: Dies ist natürlich auch ein Problem des § 31 des Bundesverfassungsgerichtsgesetzes, also der Bindungskraft von Entscheidungen. Ich habe mir lange überlegt, ob ich dies zum fünften Bereich meines Vortrages machen sollte, aber dann wäre er um 15 Minuten länger geworden, und das wollte ich vermeiden.

Ich meine, daß an diesem Punkt noch einmal genau ausgelotet werden muß: Was besagt § 31? Der Satz des Bundesverfassungsgerichts im Tenor: Alle Gründe dieser Entscheidung nehmen teil an der Bindungskraft des § 31, ist natürlich problematisch. Ich kann mir vorstellen, daß in der damaligen Situation vielleicht ein solcher Satz notgedrungen war. Er kann sich als ein Hindernis erweisen, über das noch nachzudenken ist.

Herr Mikat: Zunächst darf ich eine Bemerkung zu den Ausführungen von Herrn Schieder machen.

Ich habe gerade angesichts der besonderen Lage der geteilten deutschen Nation Bedenken, außenpolitische Verträge der verfassungsgerichtlichen Kontrolle zu entziehen. Das Urteil des Bundesverfassungsgerichts, das von Ihnen, Herr Schieder, angesprochen wurde, das Grundlagenvertragsurteil, hat doch insgesamt für Regierung und Parlament auch insofern eine positive Wirkung, als es (– jedenfalls innenpolitisch –) konfliktentschärfend wirken kann; es verweist die deutschland- und außenpolitischen Vertragsspielräume von vornherein in einen ganz bestimmten Rahmen, den das Bundesverfassungsgericht verbindlich als verfassungsinterpretatives Organ vorgegeben hat. Auch im Bereich der Deutschland- und Außenpolitik kommt es nicht nur darauf an, was eine Regierung oder ein Parlament gerne verwirklichen möchten, sondern es kommt darauf an, ob der politische Wille die von der Verfassung her gebotenen Grenzen nicht übersteigt, und es ist gut, stets auch diese durch das Bundesverfassungsgericht markierten Grenzen als Bedingungen des politischen Handelns im Auge zu haben. Würde man den Bereich außenpolitischer Verträge der verfassungsgerichtlichen Kontrolle entziehen, so könnte es hinsichtlich der Eckdaten, von denen Herrn Stern gesprochen hat, zu empfindlichen Auflösungserscheinungen kommen.

Eine ganz andere Frage freilich ist, das will ich aber jetzt nicht als Urteilsschelte verstanden wissen, ob das Bundesverfassungsgericht gut beraten ist, bei der Entscheidung über einen ganz bestimmten Streitfall gleich alle mit diesem Fall im Zusammenhang stehenden Komplexe, für die es jedoch nicht angerufen wurde, ebenfalls zu entscheiden. Es kann nicht übersehen werden, daß das Bundesverfassungsgericht neuerdings dazu neigt, eine ihm zur Entscheidung vorgelegte Einzelfrage zum Anlaß umfassender Entscheidungen zu nehmen. Diese Praxis ist nicht ganz unproblematisch. Ich will nicht verschweigen, daß unter Parlamentariern dann auch Stimmen laut werden, die dann insofern auf eine Novellierung der Vorschriften über die Verbindlichkeit der Entscheidungen des Bundesverfassungsgerichtes, also des § 31 des Gesetzes über das Bundesverfassungsgericht, zielen und die gewisse Einschränkungen in Erwägung ziehen.

Eine weitere Bemerkung möchte ich hinsichtlich der Frage „Rechtsstaat und Bundesverfassungsgericht“ machen. Das Bundesverfassungsgericht ist dem Zugriff des Parlamentes, jedenfalls verfassungsrechtlich, nicht entzogen; das Parlament hätte rechtlich die Möglichkeit, die Bestimmungen über das Bundesverfassungsgericht anders zu regeln, als es sie geregelt hat, ja, es könnte letzten Endes sogar, natürlich mit der entsprechenden qualifizierten Mehrheit, das Bundesverfassungsgericht abschaffen. Es stellt sich dann nur die Frage, welche besonderen Organe der Rechtsprechung dann an die Stelle treten. Bitte?

Herr Stern: Art. 79 Absatz 3 in Verbindung mit Art. 1 und Art. 20 GG wäre zu beachten!

Herr Mikat: Ihr Einwand ist mir schon klar. Aber ich halte es für unstreitig, daß das Bundesverfassungsgericht, was § 31 des Gesetzes über das Bundesverfassungsgericht betrifft, in seinen Möglichkeiten stark eingeschränkt werden könnte, und ich bin auch der Meinung, daß die Garantie des Art. 79 Abs. 3 GG nicht den Bestand des Bundesverfassungsgerichts schlechthin sichert. Art. 20 GG spricht schließlich nur von besonderen Organen der Rechtsprechung. Doch will ich darauf hier nicht näher eingehen.

Die Bedeutung des Bundesverfassungsgerichts wie überhaupt einer besonderen Verfassungsgerichtsbarkeit für den Rechtsstaatsgedanken wird dann am deutlichsten, wenn man sich einmal vorstellt, es gäbe kein Bundesverfassungsgericht und keine besondere Verfassungsgerichtsbarkeit bei uns. Fehlt die starke Stellung, die der Gesetzgeber der Verfassungsgerichtsbarkeit eingeräumt hat, so könnte das einen starken Freiheitsverlust bedeuten. Es gilt, die Garantiefunktion einer starken Stellung der Verfassungsgerichtsbarkeit sowohl für die individuelle wie auch für die korporative Freiheit zu sehen.

Und schließlich noch eine letzte Frage an Herrn Stern: Kann man sagen, daß es eine Fortentwicklung der Verfassung durch die Verfassungsgerichtsrechtsprechung in dem Sinne gibt, daß die Verfassung aufgefüllt wird? Es handelt sich wohl doch immer nur um Interpretationen der vorgegebenen Verfassung, wohl auch um stets neue Konkretisationen der Verfassung im geschichtlichen Wandel, das aber nicht in dem Sinne, als ob dadurch die Verfassung als solche einen Normenzuwachs erhielte. Aber vielleicht habe ich Sie in dieser Frage auch mißverstanden.

Herr Stern: Herr Mikat, ich hatte einen kurzen Zwischenruf gemacht. Sie hatten die These aufgestellt, eine Abschaffung wäre möglich, wenn auch mit qualifizierter Mehrheit, aber Ihre nachfolgenden Äußerungen haben eigentlich das widerlegt, was Sie in der These gesagt haben.

Ich würde meinen, daß dies mit Art. 79 Absatz 3 GG schwerlich in Einklang zu bringen wäre. Sie haben mit Recht auf den Rechtsstaat und seine konkrete Ausprägung hingewiesen, der in spezifischer Weise über Art. 19 Absatz 4 die gerichtliche Kontrolle aller Maßnahmen der öffentlichen Gewalt bei Rechtsverletzungen eingeführt hat. Außerdem sei auf die Grundrechte hingewiesen, besonders Art. 1 Absatz 3: Wie soll die Bindung der staatlichen Gewalt an die Grundrechte verwirklicht werden? Dazu bedarf es eines Gerichtes.

Und schließlich: Wie soll die Kompetenzabgrenzung im Bundesstaat zwischen Bund und Ländern vorgenommen werden, wenn nicht ein Gericht da wäre, das nicht Partei ist? Sonst würde immer eine der Seiten, die gerade die mächtigere ist, ihre Interpretation der Zuständigkeiten durchsetzen können.

Ich würde doch aus Art. 79 Absatz 3 eine starke Neigung dafür entnehmen wollen, daß das Bundesverfassungsgericht nicht abgeschafft werden kann. Abgesehen davon war es ja bei der Einführung des Art. 93 Absatz 1 Nr. 4a und 4b der Verfassungsbeschwerde in das Grundgesetz doch wohl so, daß man damit auch diese Institution als verfassungsgeschützt angesehen hat. Das könnte man mit qualifizierter Mehrheit wieder herausnehmen. Insgesamt würde ich aber doch schwere Bedenken haben, abgesehen davon, daß es ja nicht zur Diskussion steht, denn wir bewegen uns auf hypothetischem Boden.

Zur Frage der Fortentwicklung: Ich habe den Ausdruck „Rechtskonkretisation" gebraucht. Im übrigen hat ihn Konrad Hesse vor allen Dingen erwähnt, aber bei Nachforschung hat sich gezeigt, daß er sehr viel älter ist.

Bei der Entstehung des Bundesverfassungsgerichtsgesetzes ist insbesondere in den stenographischen Berichten 1951 darauf hingewiesen worden, daß das Bundesverfassungsgericht nicht „schlichte" Interpretation zu treiben, sondern weit darüber hinauszugehen habe. Auch im Schrifttum ist das schon in früherer Zeit für Verfassungsgerichte angenommen worden.

Es läßt sich jetzt natürlich darüber diskutieren, ob es sich hierbei um ein Element der Rechtsfortbildung im Sinne einer Verfassungsfortbildung handelt oder um eine Art Verfassungsneuschöpfung. Ich habe mich in eine Zwischenposition begeben. Ich habe gesagt, daß hier prägende Wertentscheidungen vorliegen, die in der Regel konkretisierend sein dürften.

Insgesamt, Herr Mikat, meine ich, daß die scharfe Trennung zwischen Rechtsetzung und Rechtsanwendung als Grundkategorie bei keinem Staatsakt so idealtypisch vorgenommen werden kann. Auch in der Gesetzgebung kann ja ein Stück Verfassungsanwendung liegen – denken Sie an die 131er-Gesetze und viele andere Gesetze –, wie umgekehrt bei der Rechtsanwendung durch ein Verfassungsgericht natürlich ein gewisses rechtsschöpferisches Element unvermeidlich ist.

Wir befinden uns da in einer gewissen Zwischensituation, die bei der Verfassungsgerichtsbarkeit am deutlichsten wird, aber auch bei obersten Bundesgerichten, namentlich durch deren Große Senate, sichtbar wird.

Die Entscheidung, die das Bundesverfassungsgericht in dieser Frage im 34. Band zum Persönlichkeitsrecht und der Fortentwicklung des Rechts fällte, hat eigentlich diese Zwischenlage ganz gut herausgearbeitet, so daß wir uns damit begnügen sollten, dies in einer durchaus ambivalenten Position zu lassen.

Herr Mikat: Ich darf nur etwas klarstellen, damit das nicht so im Raume steht: Niemand will natürlich das Bundesverfassungsgericht abschaffen.

Herr Stern: Das ist klar.

Herr Mikat: Mein Hinweis sollte lediglich deutlich machen, daß gerade die Überlegung, es gäbe keine besondere Verfassungsgerichtsbarkeit, dazu führen kann, die Bedeutung der Verfassungsgerichtsbarkeit zu unterstreichen.

Was Ihren Hinweis auf Art. 79 Abs. 3 GG betrifft, so bin ich nicht der Meinung, daß Art. 79 Abs. 3 GG, auch nicht in Verbindung mit Art. 1 Abs. 3 GG, das Bundesverfassungsgericht als solches in seinem Bestand schützt. Art. 79 Abs. 3 GG spricht ja das Bundesverfassungsgericht als solches nicht an, und auch ein Rekurs auf Art. 19 Abs. 4 GG, dem im übrigen nicht die Bestandsgarantie des Art. 20 GG zukommt, spricht ja nur vom Rechtsweg, nicht vom Bundesverfassungsgericht. Aber das sind ja hypothetische Erwägungen, niemand denkt daran, das Bundesverfassungsgericht abzuschaffen; mag das nun verfassungsrechtlich möglich sein oder nicht, jedenfalls wäre eine solche Erwägung in unserem Rechtsstaat verfassungspolitisch völlig unangemessen. Davon zu unterscheiden ist die von mir berührte Frage nach dem Anlaß der Verbindlichkeit der Entscheidungen des Bundesverfassungsgerichts.

Herr Stern: Das ist der § 31.

Herr Scheuner: Ich bitte um Vergebung, wenn ich noch einmal das Wort zu zwei Punkten ergreife. Einmal ist meine Skepsis gegenüber der deutschen Rechtsstaatsauffassung nicht gegen diese Vorstellung gerichtet. Ich bejahe sie vollkommen und halte sie für einen wertvollen Bestandteil unserer Rechtstradition. Ich wollte nur darauf hinweisen, daß der Rechtsschutz für die Verwirklichung von Rechten – wir kennen das von den Menschenrechten her – von grundlegender Bedeutung ist. Aber im Verfassungsrecht reicht die Verfassungsgerichtsbarkeit über diesen Rahmen individuellen Rechtsschutzes hinaus. Sie ist Ausdruck einer gemäßigten, in sich selbst ausbalanzierten Verfassung. Das ist nicht nur eine rechtsstaatliche Frage, das ist ein Stück verfassungsrechtliche Ordnung selbst. Andere Verfassungen haben diese Form der Gewähr nicht entwickelt. Das englische Verfassungssystem hat die Garantie seines Bestandes seit mehreren Jahrhunderten trotz schwerer Erschütterungen ohnedem geleistet. Der Schutz der Menschenrechte ist in England, ohne schriftlich aufgezeichnet zu sein, durch die Gerichte in vollkommener Weise gesichert.

Die eigentliche Problematik liegt zweitens nicht in der Stellungnahme für oder gegen die Einrichtung der Verfassungsgerichtsbarkeit, sondern in ihrer richtigen Einfügung in die gesamte Verfassungsstruktur. Hier hat Herr Stern einen interessanten Punkt berührt. Er hat die Frage aufgeworfen, inwieweit dem einzelnen nicht nur Schutz gegen staatliche Eingriffe in seine Rechte gewährt wird, sondern auch gegen das Ausufern des Wohlfahrtsstaates. Das wäre ein Schutz vor dem Gesetzgeber, der dem Individuum Sozialleistungen und soziale Rechte verspricht, ihn aber zugleich damit in das Netz seiner Anordnungen verstrickt. Dies Problem kann von der herkömmlichen rechtsstaatlichen Vorstellung aus kaum wirksam angegangen werden. Das Mitbestimmungsurteil liefert hier interessante Beispiele. Es hat in der Form, wie es das Eigentum behandelt hat, wie es dem großen, auf soziale Wirkung angelegten Eigentum ein erhöhtes Maß an sozialer Bindung zumißt, zu Grundlagen unserer Staats- und Wirtschaftsordnung Stellung genommen. Zugleich hat das Bundesverfassungsgericht im Mitbestimmungsurteil sich von jenen weiten Maßstäben seiner rechtsprechenden Hinweise und Richtlinien zurückgezogen, die Herr Stern zu Recht hervorgehoben hat. Es hat dem Gesetzgeber wieder größeren Freiraum eröffnet. Das gilt einmal in der Form, wie das Gericht dem Gesetzgeber einen Freiraum in der Prognose eingeräumt hat, den es nicht kontrolliert. Es hat sich aber auch zurückhaltend gezeigt in den dem Gesetzgeber in früheren Entscheidungen – etwa dem numerus clausus-Urteil – vom Gericht mitgegebenen Richtweisungen für sein Handeln in Zukunft.

Es ist wichtig, die Funktion des Gerichts im Schutz der Verfassung richtig zu sehen. Es ist nicht möglich, die Verfassung auf den Stand ihres Zustandekommens festzuschreiben. Das würde Erstarrung bedeuten und Spannungen für den Bestand der Verfassung hervorrufen können. Eine evolutionäre Verfassungsinterpretation hat auch seit langer Zeit der amerikanische Supreme Court geübt. Er hat sich bei der Forderung der Gleichheit im Blick auf die schwarze Bevölkerung früher mit Rechtsgleichheit, dann später mit der Forderung getrennter, aber gleicher Einrichtungen begnügt, er hat dann endlich gefordert, daß nicht getrennte gleiche Einrichtungen, sondern gemeinsame Einrichtungen für Weiße und Schwarze offenstehen. Damit hat er tief in die soziale Struktur eingegriffen. Die Entscheidung Brown v. Board of Education of Topeka (1954) bedeutete nichts anderes als einen tiefen Eingriff in lange Gewohnheiten der amerikanischen Sozialstruktur. Sie gab in eklatanter Weise der Verfassung durch Auslegung eine neue Wendung. Das kann unter Umständen eine Aufgabe der Verfasungsgerichtsbarkeit sein, die sie auch – in Amerika offener als bei uns – anwendet. In solchen Fällen ist die These, das alles sei schon in der Verfassung geschrieben, nicht durchgreifend, wenn das Gericht von einer bisher befolgten Auslegung abgeht. Das wird in Deutschland gelegentlich mit der Vorstellung, daß gerichtliche Entscheidungen nur rechtliche Subsumtionen seien, verschleiert. Man sollte die politische Rolle des Gerichts in der Interpretation und Fortbildung der Verfassung offen anerkennen, freilich darauf hinweisen – hier hat Herr Stern auf ganz Richtiges hingewiesen – daß diese Funktion nicht wahrgenommen wird als eine Form politischer Dezision, sondern als Fortentwicklung der Verfassung in Bindung an deren Rahmen. Wenn man die Funktion der Verfassungsgerichtsbarkeit in diesem Lichte sieht, wird man ihre Stellung besser würdigen können.

Herr Schelsky: Herr Stern, zu der zentralen verfassungsrechtlichen, juristischen und politischen Thematik Ihres Vortrages kann ich mich nicht äußern, sondern möchte nur eine soziologische Anmerkung machen:

Wenn man einmal die politischen Instanzen, die Sie erwähnt haben, und die Verfassungsgerichtsbarkeit als Institution betrachtet und auf ihre Funktion hin, auch gegenseitige Funktion hin, analysiert, dann muß man meines Erachtens zur Kenntnis nehmen, daß es da eine vorgelagerte oder zwischengelagerte Funktionsgruppe gibt, die zwar verfassungsrechtlich nicht geortet ist, aber in ihrer funktionalen Bedeutung kaum überschätzt werden kann. Ich meine die gesetzesvorbereitende (nicht die verwaltende) Ministerialbürokratie.

Diese gesetzgebungsbegleitende Ministerialbürokratie hat doch wohl die Aufgabe, gegenüber der politischen Motivation und gegenüber der politischen Rationalität die Verfassungsgemäßheit von Gesetzen bereits in statu nascendi zur Geltung zu bringen und sie nicht erst in das Konfliktverhältnis von Verfassungsgerichtsbarkeit und politisch erlassenem Gesetz gelangen zu lassen.

Je mehr aber diese Funktion von der gesetzgebungsbegleitenden Ministerialbürokratie nicht mehr erfüllt wird (zum Beispiel dadurch, daß sie selber politisiert wird und damit voll umschwenkt auf die politische Rationalität), um so mehr gelangen dann gerade die hochpolitischen Gesetze an die Verfassungsgerichtsbarkeit.

Und da weiß ich nicht, ob Ihre These (die ich augenblicklich auch so beurteilen würde), daß dies ein Autoritätsgewinn der Verfassungsgerichtsbarkeit sei, auf die Dauer standhalten wird. Es liegt dann in dieser Justiz-Überlastung, die dadurch geschieht, doch wohl auch die Gefahr der Abnutzung der Gerichtsbarkeit.

Herr Friauf: Ich möchte zu zwei Punkten kurz einige Anmerkungen machen.

Herr Stern, eine der wesentlichen Folgerungen aus Ihrem Vortrag scheint mir die Feststellung zu sein, daß die Verfassungsgerichtsbarkeit in einer entscheidenden Beziehung zur Qualität der Verfassung als solcher steht. Die individuelle Qualität einer Verfassung wird geprägt durch die Einrichtung der Verfassungsgerichtsbarkeit und durch ihren jeweiligen Kompetenzumfang.

Eine Verfassung, die sich im wesentlichen als eine bloße Verfahrensordnung verstünde mit mehr oder minder wohlgemeinten Hinweisen für die Tätigkeit der politischen Akteure, könnte eine Verfassungsgerichtsbarkeit nicht vertragen. Auf der anderen Seite schreibt eine Verfassung, indem sie eine Verfassungsgerichtsbarkeit einsetzt und mit entsprechenden Kompetenzen ausstattet, ihre eigenen Inhalte fest und wird damit eigentlich erst zur materiellen Verfassung. Es ist deshalb kein Zufall, daß eine Verfassung vom Typ der britischen keine Verfassungsgerichtsbarkeit kennt, eben weil sie im wesentlichen nur eine Verfahrensordnung sein will.

Die entscheidende These im Ergebnis Ihres Referats ist reduziert auf die Feststellung, daß Verfassungsgerichtsbarkeit echte Gerichtsbarkeit, das heißt Rechtsprechung, Rechtserkenntnis sei. Dem muß nachdrücklich zugestimmt werden. Das eigentliche Problem liegt dann natürlich in der Frage der Maßstäbe und der Kriterien, an denen sich diese Rechtserkenntnis zu orientieren hat.

Wenn wir der Verfassungsgerichtsbarkeit in gewissem Rahmen eine Befugnis auch zur Rechtsfortbildung zugestehen, muß man sehen, daß diese Rechtsfortbildung auf einer anderen Ebene liegt als diejenige, die wir allen übrigen Fachgerichten zuerkennen. Die Rechtsfortbildung durch das Fachgericht füllt lediglich Lücken der Gesetzgebung aus. Vor allem steht sie unter dem Vorbehalt der Korrektur durch den Gesetzgeber. Die Rechtsfortbildung durch das Verfassungsgericht geht dagegen dem Gesetzgeber vor und weist auch ihn in Schranken.

Trotzdem wird man die Zuständigkeit der Verfassungsgerichtsbarkeit auch zur Rechtsfortbildung sowie zur Ausfüllung von verfassungsrechtlichen Generalklauseln usw. nicht in Frage stellen können. Sie verfügt in diesem Zusammenhang wohl in der Tat über eine gewisse Kompetenz-Kompetenz. Freilich liegt hier das Gravamen, an dem ein erheblicher Teil der Kritik an der Verfassungsgerichtsbarkeit sich immer wieder entzündet. Der Gesetzgeber sieht sich stets in der für ihn mißlichen Lage, daß seine Entscheidungen von einer anderen Institution korrigiert werden können. Das Verfassungsgericht ist seinerseits dagegen praktisch unkontrollierbar, wenn man einmal von der Möglichkeit der Korrektur einer Entscheidung durch eine entsprechende Verfassungsänderung absieht.

Es ist insofern nicht verwunderlich, daß an dieser Stelle immer wieder die Legitimitätsfrage aufgeworfen wird. Wenn man einseitig in Kategorien eines absoluten Demokratieprinzips denken wollte, könnte man sicher Zweifel an der Legitimität der Verfassungsgerichtsbarkeit anmelden. Indessen hat das Grundgesetz das demokratische Prinzip nicht verabsolutiert, sondern es in ein gewaltenteilendes Verfassungssystem eingebettet. Erst recht verabsolutiert es nicht den Willen der gewählten Repräsentanten. Diese Repräsentanten sind ja nicht identisch mit dem Träger der Staatsgewalt, sondern sind nur mit einem befristeten Mandat ausgestattet, das den materiellen Bindungen der Verfassung unterliegt.

Insofern scheint es mir doch durchaus systemgerecht zu sein, wenn man die Verfassungsgerichtsbarkeit den gewählten Repräsentanten als Kontrollfaktor beigesellt, der letztlich erst die Gewaltenbalance herstellen kann. Dieser Kontrollfaktor erweist sich als notwendig, gerade um den immanenten Gefährdungen, denen die Verfassung eines demokratischen Staates unter den Gegebenheiten des modernen Sozialstaates nun einmal unterliegt, Rechnung zu tragen.

Herr Stern: Herr Schelsky, ich möchte zu Ihren Bemerkungen der Notwendigkeit einer Vorprüfungsinstanz im Rahmen des Gesetzgebungsverfahrens folgendes erwidern:

Auf der Ebene des Bundes liegt ja in der Geschäftsordnung ein Recht der sogenannten Verfassungsministerien, nämlich des Innen- und des Justizministeriums, Einspruch zu erheben, wenn sie gegen ein Gesetz verfassungsrechtliche oder rechtsförmliche Bedenken haben. In Nordrhein-Westfalen besteht der sogenannte interministerielle Verfassungsausschuß, der eine ähnliche Funktion wahrzunehmen hat.

Nun sagen Sie, diese Funktion werde aber nicht in gehöriger Weise ausgeübt, weil die Gefahr bestehe, daß innerhalb dieser Häuser zu sehr dem politischen Denken, das heißt dem, was etwa das federführende Haus durchsetzen möchte, entsprochen werde.

Es ist natürlich sehr schwierig – und das wäre zunächst an den empirischen Soziologen gerichtet –, hier die entsprechende Aufklärungsarbeit zu leisten.

Immerhin darf ich eines ins Feld führen. Ich glaube, gerade bei dem Mitbestimmungsgesetz vor 1976, also dem Vorentwurf, hat die Sachverständigenanhörung wie kaum je in einem anderen mir bekannten Fall dargelegt, daß dieses Gesetz so, wie es damals vorgelegt worden ist, verfassungswidrig gewesen ist, wobei die entsprechende Argumentation in den danach befaßten Gremien zur Änderung geführt hat.

Wir könnten dem wahrscheinlich eine Reihe von weiteren Bespielen in positiver Hinsicht hinzufügen, sicher auch Beispiele in negativer Hinsicht finden, möglicherweise aber auch, wenn wir die Dinge aufklären könnten, feststellen, daß Hinweise vorgenommen worden sind, wobei aber die jeweilige Spitze des Ministeriums und das Parlament dem nicht entsprochen haben, so daß die Frage: Ist hier die Politisierung der Bürokratie so weit fortgeschritten, daß Zweifel an der Funktionsfähigkeit dieser Gremien bestehen und deshalb ein dahinter stehendes Verfassungsgericht dringend notwendig geworden ist, vielleicht offengelassen werden sollte?

Ich teile Ihre Ansichten, Herr Scheuner, über die Notwendigkeit, eine Verfassung nicht ständig Änderungen auszusetzen.

Herr Friauf, ich würde gern noch zu Ihrem Stichwort des demokratischen Puristen etwas sagen, der die Gewaltenhemmung und die Gewaltenkontrolle hintanstellen würde. Hierbei gehe ich jetzt sehr weit und möchte die Frage, ob das historisch ganz zu verifizieren ist, noch dahingestellt sein lassen: Die antike Verfassungstheorie hat die Lehre der sogenannten gemischten Verfassung entwickelt. Polybios, Cicero und andere haben gesagt: Eine Verfassung ist um so besser, je mehr sie aus Elementen zusammengesetzt ist, die verschiedenen Prinzipien gehorchen, also hier bei uns der Rechtsstaatlichkeit, der Bundesstaatlichkeit und der Demokratie.

Meines Erachtens ist diese Idee der gemischten Verfassung – ich will dies bewußt nur in der Diskussion sagen, weil ich da noch nicht ganz nachgeforscht habe – ein wichtiges Element, um Traditionen vergangener Perioden in unsere Verfassung einzufügen und das volle Verständnis unserer heutigen Verfassung und ihrer Verfassungsgerichtsbarkeit deutlich zu machen.

Veröffentlichungen
der Arbeitsgemeinschaft für Forschung des Landes Nordrhein-Westfalen,
jetzt: Rheinisch-Westfälische Akademie der Wissenschaften

Neuerscheinungen 1970 bis 1980

GEISTESWISSENSCHAFTEN

Vorträge G Heft Nr.		
168	*Gustaf Wingren, Lund*	Martin Luther in zwei Funktionen
169	*Herbert von Einem, Bonn*	Das Programm der Stanza della Segnatura im Vatikan
170	*Hans-Georg Gadamer, Heidelberg*	Die Begriffsgeschichte und die Sprache der Philosophie
171	*Theodor Kraus, Köln*	Die Gemeinde und ihr Territorium – Fünf Gemeinden der Niederrheinlande in geographischer Sicht
172	*Ernst Langlotz, Bonn*	Der architekturgeschichtliche Ursprung der christlichen Basilika
173	*Hermann Conrad, Bonn*	Staatsgedanke und Staatspraxis des aufgeklärten Absolutismus Jahresfeier am 19. Mai 1971
174	*Tilemann Grimm, Bochum*	Chinas Traditionen im Umbruch der Zeit
175	*Hans Erich Stier, Münster*	Der Untergang der klassischen Demokratie
176	*Heinz-Dietrich Wendland, Münster*	Die Krisis der Volkskirche – Zerfall oder Gestaltwandel?
177	*Gerhard Kegel, Köln*	Zur Schenkung von Todes wegen
178	*Theodor Schieder, Köln*	Hermann Rauschnings „Gespräche mit Hitler" als Geschichtsquelle
179	*Friedrich Nowakowski, Innsbruck*	Probleme der österreichischen Strafrechtsreform
180	*Karl Gustav Fellerer, Köln*	Der Stilwandel in der abendländischen Musik um 1600
181	*Georg Kauffmann, Münster*	Michelangelo und das Problem der Säkularisation
182	*Harry Westermann, Münster*	Freiheit des Unternehmers und des Grundeigentümers und ihre Pflichtenbindungen im öffentlichen Interesse nach dem Referentenentwurf eines Bundesberggesetzes
183	*Ernst-Wolfgang Böckenförde, Bielefeld*	Die verfassungstheoretische Unterscheidung von Staat und Gesellschaft als Bedingung der individuellen Freiheit
184	*Kurt Bittel, Berlin*	Archäologische Forschungsprobleme zur Frühgeschichte Kleinasiens
185	*Paul Egon Hübinger, Bonn*	Die letzten Worte Papst Gregors VII.
186	*Günter Kahle, Köln*	Das Kaukasusprojekt der Alliierten vom Jahre 1940
187	*Hans Erich Stier, Münster*	Welteroberung und Weltfriede im Wirken Alexanders d. Gr.
188	*Jacques Droz, Paris*	Einfluß der deutschen Sozialdemokratie auf den französischen Sozialismus (1871–1914)
189	*Eleanor v. Erdberg-Consten, Aachen*	Die Architektur Taiwans Ein Beitrag zur Geschichte der chinesischen Baukunst
190	*Herbert von Einem, Bonn*	Die Medicimadonna Michelangelos
191	*Ulrich Scheuner, Bonn*	Das Mehrheitsprinzip in der Demokratie
192	*Theodor Schieder, Köln*	Probleme einer europäischen Geschichte Jahresfeier am 30. Mai 1973
193	*Erich Otremba, Köln*	Die „Kanalstadt". Der Siedlungsraum beiderseits des Ärmelkanals in raumdynamischer Betrachtung
194	*Max Wehrli, Zürich*	Wolframs ‚Titurel'
195	*Heinrich Dörrie, Münster*	Pygmalion – Ein Impuls Ovids und seine Wirkungen bis in die Gegenwart
196	*Jan Hendrik Waszink, Leiden*	Biene und Honig als Symbol des Dichters und der Dichtung in der griechisch-römischen Antike
197	*Henry Chadwick, Oxford*	Betrachtungen über das Gewissen in der griechischen, jüdischen und christlichen Tradition
198	*Ernst Benda, Karlsruhe*	Gefährdungen der Menschenwürde
199	*Herbert von Einem, Bonn*	‚Die Folgen des Krieges'. Ein Alterswerk von Peter Paul Rubens
200	*Hansjakob Seiler, Köln*	Das linguistische Universalienproblem in neuer Sicht
201	*Werner Flume, Bonn*	Gewohnheitsrecht und römisches Recht
202	*Rudolf Morsey, Speyer*	Zur Entstehung, Authentizität und Kritik von Brünings „Memoiren 1918–1934"

203	*Stephan Skalweit, Bonn*	Der „moderne Staat". Ein historischer Begriff und seine Problematik
204	*Ludwig Landgrebe, Köln*	Der Streit um die philosophischen Grundlagen der Gesellschaftstheorie
205	*Elmar Edel, Bonn*	Ägyptische Ärzte und ägyptische Medizin am hethitischen Königshof
		Neue Funde von Keilschriftbriefen Ramses' II. aus Bogazköy
206	*Eduard Hegel, Bonn*	Die katholische Kirche Deutschlands unter dem Einfluß der Aufklärung des 18. Jahrhunderts
207	*Friedrich Ohly, Münster*	Der Verfluchte und der Erwählte. Vom Leben mit der Schuld
208	*Siegfried Herrmann, Bochum*	Ursprung und Funktion der Prophetie im alten Israel
209	*Theodor Schieffer, Köln*	Krisenpunkte des Hochmittelalters
		Jahresfeier am 7. Mai 1975
210	*Ulrich Scheuner, Bonn*	Die Vereinten Nationen als Faktor der internationalen Politik
211	*Heinrich Dörrie, Münster*	Von Platon zum Platonismus
		Ein Bruch in der Überlieferung und seine Überwindung
212	*Karl Gustav Fellerer, Köln*	Der Akademismus in der deutschen Musik des 19. Jahrhunderts
213	*Hans Kauffmann, Bonn*	Probleme griechischer Säulen
214	*Ivan Dujčev, Sofia*	Heidnische Philosophen und Schriftsteller in der alten bulgarischen Wandmalerei
215	*Bruno Lewin, Bochum*	Der koreanische Anteil am Werden Japans
216	*Tilemann Grimm, Tübingen*	Meister Kung
		Zur Geschichte der Wirkungen des Konfuzius
217	*Harald Weinrich, Bielefeld*	Für eine Grammatik mit Augen und Ohren, Händen und Füßen – am Beispiel der Präpositionen
218	*Roman Jakobson, Cambridge, Mass.*	Der grammatische Aufbau der Kindersprache
219	*Jan Öberg, Stockholm*	Das Urkundenmaterial Skandinaviens
		Bestände, Editionsvorhaben, Erforschung
220	*Werner Beierwaltes, Freiburg i. Br.*	Identität und Differenz. Zum Prinzip cusanischen Denkens
221	*Walter Hinck, Köln*	Vom Ausgang der Komödie. Exemplarische Lustspielschlüsse in der europäischen Literatur
222	*Heinz Hürten, Freiburg i. Br.*	Reichswehr und Ausnahmezustand. Ein Beitrag zur Verfassungsproblematik der Weimarer Republik in ihrem ersten Jahrfünft
223	*Bernhard Kötting, Münster*	Religionsfreiheit und Toleranz im Altertum
		Jahresfeier am 18. Mai 1977
224	*Karl J. Narr, Münster*	Zeitmaße in der Urgeschichte
225	*Karl Ed. Rothschuh, Münster*	Iatromagie: Begriff, Merkmale, Motive, Systematik
226	*Samuel R. Spencer Jr., Davidson, North Carolina*	Die amerikanische Stimmung im Jahr des Janus
227	*Paul Mikat, Düsseldorf*	Dotierte Ehe – rechte Ehe. Zur Entwicklung des Eheschließungsrechts in fränkischer Zeit
228	*Herbert Franke, München*	Nordchina am Vorabend der mongolischen Eroberungen: Wirtschaft und Gesellschaft unter der Chin-Dynastie (1115–1234)
229	*András Mócsy, Budapest*	Zur Entstehung und Eigenart der Nordgrenzen Roms
230	*Heinrich Dörrie, Münster*	Sinn und Funktion des Mythos in der griechischen und der römischen Dichtung
231	*Jean Bingen, Brüssel*	Le Papyrus Revenue Laws –
		Tradition grecque et Adaptation hellénistique
232	*Niklas Luhmann, Bielefeld*	Organisation und Entscheidung
233	*Louis Reekmans, Leuven*	Die Situation der Katakombenforschung in Rom
234	*Josef Pieper, Münster*	Was heißt Interpretation?
235	*Walther Heissig, Bonn*	Die Zeit des letzten mongolischen Großkhans Ligdan (1604–1634)
236	*Alf Önnerfors, Köln*	Die Verfasserschaft des Waltharius-Epos aus sprachlicher Sicht
237	*Walther Heissig, Bonn*	Die mongolischen Heldenepen – Struktur und Motive
238	*Günther Stökl, Köln*	Osteuropa – Geschichte und Politik
		Jahresfeier am 23. Mai 1979
239	*Wilhelm Weber, Münster*	Geld, Glaube, Gesellschaft
240	*Giovanni Nencioni, Florenz*	Lessicografia e Letteratura Italiana
241	*Arno Esch, Bonn*	Zur Situation der zeitgenössischen englischen Lyrik
242	*Otto Pöggeler, Bochum* *Heinz Breuer, Bonn*	Fragen der Forschungspolitik
243	*Klaus Stern, Köln*	Verfassungsgerichtsbarkeit zwischen Recht und Politik
245	*Jürgen Untermann, Köln*	Trümmersprachen zwischen Grammatik und Geschichte

ABHANDLUNGEN

Band Nr.		
30	*Walther Hubatsch, Bonn, Bernhard Stasiewski, Bonn Reinhard Wittram, Göttingen Ludwig Petry, Mainz, Erich Keyser, Marburg (Lahn)*	Deutsche Universitäten und Hochschulen im Osten
31	*Anton Moortgat, Berlin*	Tell Chuēra in Nordost-Syrien. Bericht über die vierte Grabungskampagne 1963
32	*Albrecht Dihle, Köln*	Umstrittene Daten. Untersuchungen zum Auftreten der Griechen am Roten Meer
33	*Heinrich Behnke und Klaus Kopfermann (Hrsg.), Münster*	Festschrift zur Gedächtnisfeier für Karl Weierstraß 1815–1965
34	*Joh. Leo Weisgerber, Bonn*	Die Namen der Ubier
35	*Otto Sandrock, Bonn*	Zur ergänzenden Vertragsauslegung im materiellen und internationalen Schuldvertragsrecht. Methodologische Untersuchungen zur Rechtsquellenlehre im Schuldvertragsrecht
36	*Iselin Gundermann, Bonn*	Untersuchungen zum Gebetbüchlein der Herzogin Dorothea von Preußen
37	*Ulrich Eisenhardt, Bonn*	Die weltliche Gerichtsbarkeit der Offizialate in Köln, Bonn und Werl im 18. Jahrhundert
38	*Max Braubach, Bonn*	Bonner Professoren und Studenten in den Revolutionsjahren 1848/49
39	*Henning Bock (Bearb.), Berlin*	Adolf von Hildebrand, Gesammelte Schriften zur Kunst
40	*Geo Widengren, Uppsala*	Der Feudalismus im alten Iran
41	*Albrecht Dihle, Köln*	Homer-Probleme
42	*Frank Reuter, Erlangen*	Funkmeß. Die Entwicklung und der Einsatz des RADAR-Verfahrens in Deutschland bis zum Ende des Zweiten Weltkrieges
43	*Otto Eißfeldt, Halle, und Karl Heinrich Rengstorf (Hrsg.), Münster*	Briefwechsel zwischen Franz Delitzsch und Wolf Wilhelm Graf Baudissin 1866–1890
44	*Reiner Haussherr, Bonn*	Michelangelos Kruzifixus für Vittoria Colonna. Bemerkungen zu Ikonographie und theologischer Deutung
45	*Gerd Kleinheyer, Regensburg*	Zur Rechtsgestalt von Akkusationsprozeß und peinlicher Frage im frühen 17. Jahrhundert. Ein Regensburger Anklageprozeß vor dem Reichshofrat. Anhang: Der Statt Regenspurg Peinliche Gerichtsordnung
46	*Heinrich Lausberg, Münster*	Das Sonett *Les Grenades* von Paul Valéry
47	*Jochen Schröder, Bonn*	Internationale Zuständigkeit. Entwurf eines Systems von Zuständigkeitsinteressen im zwischenstaatlichen Privatverfahrensrecht aufgrund rechtshistorischer, rechtsvergleichender und rechtspolitischer Betrachtungen
48	*Günther Stökl, Köln*	Testament und Siegel Ivans IV.
49	*Michael Weiers, Bonn*	Die Sprache der Moghol der Provinz Herat in Afghanistan
50	*Walther Heissig (Hrsg.), Bonn*	Schriftliche Quellen in Moġolī. 1. Teil: Texte in Faksimile
51	*Thea Buyken, Köln*	Die Constitutionen von Melfi und das Jus Francorum
52	*Jörg-Ulrich Fechner, Bochum*	Erfahrene und erfundene Landschaft. Aurelio de' Giorgi Bertòlas Deutschlandbild und die Begründung der Rheinromantik
53	*Johann Schwartzkopff (Red.), Bochum*	Symposium ‚Mechanoreception'
54	*Richard Glasser, Neustadt a. d. Weinstr.*	Über den Begriff des Oberflächlichen in der Romania
55	*Elmar Edel, Bonn*	Die Felsgräbernekropole der Qubbet el Hawa bei Assuan. II. Abteilung. Die althieratischen Topfaufschriften aus den Grabungsjahren 1972 und 1973
56	*Harald von Petrikovits, Bonn*	Die Innenbauten römischer Legionslager während der Prinzipatszeit
57	*Harm P. Westermann u. a., Bielefeld*	Einstufige Juristenausbildung. Kolloquium über die Entwicklung und Erprobung des Modells im Land Nordrhein-Westfalen

58	*Herbert Hesmer, Bonn*	Leben und Werk von Dietrich Brandis (1824–1907) – Begründer der tropischen Forstwirtschaft. Förderer der forstlichen Entwicklung in den USA. Botaniker und Ökologe
59	*Michael Weiers, Bonn*	Schriftliche Quellen in Moġolī, 2. Teil: Bearbeitung der Texte
60	*Reiner Haussherr, Bonn*	Rembrandts Jacobssegen Überlegungen zur Deutung des Gemäldes in der Kasseler Galerie
61	*Heinrich Lausberg, Münster*	Der Hymnus ›Ave maris stella‹
62	*Michael Weiers, Bonn*	Schriftliche Quellen in Moġolī, 3. Teil: Poesie der Mogholen
63	*Werner H. Hauss (Hrsg.), Münster, Robert W. Wissler, Chicago, Rolf Lehmann, Münster*	International Symposium 'State of Prevention and Therapy in Human Arteriosclerosis and in Animal Models'
64	*Heinrich Lausberg, Münster*	Der Hymnus ›Veni Creator Spiritus‹
65	*Nikolaus Himmelmann, Bonn*	Über Hirten-Genre in der antiken Kunst

Sonderreihe
PAPYROLOGICA COLONIENSIA

Vol. I *Aloys Kehl, Köln*	Der Psalmenkommentar von Tura, Quaternio IX (Pap. Colon. Theol 1)
Vol. II *Erich Lüddeckens, Würzburg* *P. Angelicus Kropp O. P., Klausen,* *Alfred Hermann und Manfred Weber, Köln*	Demotische und Koptische Texte
Vol. III *Stephanie West, Oxford*	The Ptolemaic Papyri of Homer
Vol. IV *Ursula Hagedorn und Dieter Hagedorn, Köln* *Louise C. Youtie und Herbert C. Youtie, Ann Arbor*	Das Archiv des Petaus (P. Petaus)
Vol. V *Angelo Geißen, Köln*	Katalog Alexandrinischer Kaisermünzen der Sammlung des Instituts für Altertumskunde der Universität zu Köln Band 1: Augustus-Trajan (Nr. 1–740) Band 2: Hadrian-Antoninus Pius (Nr. 741–1994)
Vol. VI *J. David Thomas, Durham*	The epistrategos in Ptolemaic and Roman Egypt Part 1: The Ptolemaic epistrategos
Vol. VII	Kölner Papyri (P. Köln)
Bärbel Kramer und Robert Hübner (Bearb.), Köln	Band 1
Bärbel Kramer und Dieter Hagedorn (Bearb.), Köln	Band 2
Bärbel Kramer, Michael Erler, Dieter Hagedorn und Robert Hübner (Bearb.), Köln	Band 3
Vol. VIII *Sayed Omar, Kairo*	Das Archiv des Soterichos (P. Soterichos)

SONDERVERÖFFENTLICHUNGEN

Der Minister für Wissenschaft und Forschung des Landes Nordrhein-Westfalen	Jahrbuch 1963, 1964, 1965, 1966, 1967, 1968, 1969, 1970 und 1971/72 des Landesamtes für Forschung

Verzeichnisse sämtlicher Veröffentlichungen der Arbeitsgemeinschaft für Forschung des Landes Nordrhein-Westfalen, jetzt: Rheinisch-Westfälische Akademie der Wissenschaften, können beim Westdeutschen Verlag GmbH, Postfach 300 620, 5090 Leverkusen 3 (Opladen), angefordert werden